ISÖ-Text 2021-1

Die digitale Transformation der Erwachsenen- und Weiterbildung

Erich Schäfer und Antje Ebersbach

ISÖ – Institut für Sozialökologie gemeinnützige GmbH

ISÖ – Institute for Social Ecology non-profit company

Bibliographische Information der Deutschen Nationalbibliothek:

Die Deutsche Nationalbibliothek verzeichnet diese Publikation in der Deutschen Nationalbibliographie; detaillierte bibliographische Daten sind im Internet unter http://dnb.dnb.de abrufbar.

Herstellung und Verlag:

BoD – Books on Demand, Norderstedt

ISBN: 978-3-75431-1844

ISÖ-Text 2021-1

Die Digitale Transformation der Erwachsenen- und Weiterbildung

Erich Schäfer und Antje Ebersbach

Siegburg, Juni 2021

ISÖ - Institut für Sozialökologie gemeinnützige GmbH

Ringstraße 8, 53721 Siegburg

Tel.: +49 (0) 2241 1457073, Fax: +49 (0) 2241 1457039, E-Mail: info@isoe.org, Web: www.isoe.org

Coverabbildung: Erich Schäfer „Hüter des Lichts" im stillen Garten in Plinz

Digitale Medien halten verstärkt Einzug in traditionelles Lehren und Lernen und zugleich werden digitale Formate sozialer und kommunikativer. Beide Entwicklungen vollziehen sich parallel. Die Erfahrungen zeigen auch, dass trotz Digitalisierung die Präsenzformate unverzichtbar bleiben.

Die Digitalisierung bezieht sich nicht nur auf das Lehren und Lernen. Bei den strategischen Überlegungen zur Digitalisierung in der Erwachsenen- und Weiterbildung ist der gesamte Bildungsprozess mit all seinen Ebenen vom gesellschaftlichen und institutionellen Kontext über die Programme und Angebote bis hin zum Personal und den Teilnehmenden einzubeziehen. Deshalb orientiert sich die hier vorgelegte Studie an einem Mehrebenenmodell der Digitalisierung. Am Beispiel von zwei freien Trägern der Erwachsenenbildung wird exemplarisch die zentrale Bedeutung der Entwicklung einer Digitalisierungsstrategie im Sinne einer organisationssensiblen Digitalisierungsforschung vorgestellt.

Ob sich die mit der Digitalisierung verbundenen Erwartungen hinsichtlich des Abbaus von Bildungsprivilegien, der Angleichung von Lernchancen, der Beförderung demokratischer Prozesse, der Überwindung digitaler Disparitäten und der Realisation von mehr Teilhabe an Bildung verwirklichen lassen, können die Stakeholder der Erwachsenen- und Weiterbildung gestalten.

Diese Studie ist das Ergebnis der wissenschaftlichen Begleitung des Prozesses der Strategie- und Konzepterarbeitung für die Digitalisierung in der Erwachsenenbildung, den die Ländliche Erwachsenenbildung Thüringen e.V. (LEB) und die AG Regionale Bildung im Jahre 2020 durchgeführt haben. Die Forschungsergebnisse wurden zum aktuellen Stand der Digitalisierung in der Erwachsenenbildung im Frühjahr 2021 überarbeitet und ergänzt.

Die Ländliche Erwachsenenbildung Thüringen e.V. (LEB), die AG Regionale Bildung und das Institut für Weiterbildung, Beratung und Planung im Sozialen Bereich e.V. (iwis) stellen die Forschungsergebnisse der interessierten Öffentlichkeit zur Verfügung, da ihnen daran gelegen ist, ihre Erfahrungen zu teilen und den Dialog zur Transformation der Erwachsenen- und Weiterbildung zu fördern.

Der Dank gilt allen, die sich aktiv an dem Projekt beteiligt haben, und dem Thüringer Ministerium für Bildung, Jugend und Sport, das das Projekt finanziert hat.

Inhaltsverzeichnis

ISÖ
Institut für
Sozialökologie

Abbildungsverzeichnis

ISÖ
Institut für
Sozialökologie

ISÖ
Institut für
Sozialökologie

Vorwort

Die vorliegende Studie von Erich Schäfer und Antje Ebersbach führt zwei Forschungsstränge des ISÖ zusammen, für die einerseits die Studie „Medienbildung in Schleswig-Holstein außerhalb des formalen Lernens" von Erich Schäfer (ISÖ-Text 2018-3)[1], andererseits die Veröffentlichungen der Projekte „Zukunftsszenario Altenhilfe Schleswig-Holstein 2030/2045" (z.B. ISÖ-Text 2018-1)[2] und „Zukunftslabor Schleswig-Holstein" (z.B. ISÖ-Text 2019-1)[3] stehen: die Erforschung der Relevanz neuer Medien in Bildungsprozessen und die Relevanz der Digitalisierung für eine nachhaltige Gesellschaft. Auf den ersten Blick erscheint die Sachlage klar. Digitalisierung ist der Backbone, die materielle und zugleich informationelle Basis der Wissensgesellschaft. An ihr kommt niemand vorbei. Also müssen möglichst viele analoge Prozesse digitalisiert werden.

Doch die Wirklichkeit und damit der Gegenstand der Wissenschaft ist komplexer. Digitalisierung verändert die Wahrnehmung. In unserer Studie „Neue elektronische Medien und Suchtverhalten"[4] haben wir entwicklungs- und sozialpsychologische, soziologische und epidemiologische Befunde zu den Schattenseiten digitaler Kommunikation analysiert. Im laufenden Forschungsprojekt „Multi-Generation Smart Community (mGeSCo) - Co-Working und soziale Teilhabe durch multigenerationale Vernetzung im Smarten Quartier"[5] untersuchen wir, wie sich Digitalisierung auf Gemeinschaftsbildung und generationenübergreifende Solidarität auswirkt. In allen genannten Studien interessiert aber nicht nur der Blick auf Wirkungen der Digitali-

---

[1]   https://www.isoe.org/veroeffentlichungen/isoe-text/erich-schaefer-medienbildung-in-schleswig-holstein-ausserhalb-des-formalen-lernens-isoe-text-2018-3/

[2]   https://www.isoe.org/veroeffentlichungen/isoe-text/michael-opielka-sophie-peter-zukunftsszenario-altenhilfe-schleswig-holstein-2030-2045-ergebnisbericht-isoe-text-2018-1/

[3]   https://www.isoe.org/veroeffentlichungen/isoe-text/michael-opielka-hrsg-zukunftslabor-schleswig-holstein-demographie-und-digitalisierung-zlabsh-isoe-text-2019-1/

[4]   https://www.isoe.org/veroeffentlichungen/buecher/michaela-evers-woelk-michael-opielka-neue-elektronische-medien-und-suchtverhalten-2-auflage-2019/

[5]   https://www.eah-jena.de/mgesco

ISÖ
Institut für
Sozialökologie

sierung, sondern stets auch darauf, wie durch soziale Entscheidungen die Digitalisierung selbst geprägt wird und werden sollte. Diese Dialektik von Digitalisierung und Sozialem, von Technik und Gesellschaft kann keinesfalls nur in Richtung „Technikakzeptanz" aufgelöst werden, in Richtung einer Anpassung menschlichen Handelns an digitale Anforderungen. Die Nutzerinnen und Nutzer digitalisierter Prozesse müssen sich als wirksam erleben, „Empowerment", Selbstermächtigung muss unser Verhältnis zur Digitalisierung prägen.

Dazu allerdings muss man Digitalisierung verstehen. Die vorliegende Studie, die Prof. Dr. Erich Schäfer als Senior Fellow des ISÖ gemeinsam mit Antje Ebersbach vorlegt, leistet einen sehr hilfreichen Beitrag zu diesem Verstehen. Die Corona-Pandemie hat gerade Bildungseinrichtungen – von den Schulen über die Hochschulen bis zur Weiterbildung – besonders gefordert: Noch immer überwiegt im Bildungssystem vor allem auf Seiten der Pädagoginnen und Pädagogen Skepsis bis Angst gegenüber digitalisierten Bildungsprozessen. Zugleich mussten diese Prozesse digitalisiert werden, damit sie unter Pandemiebedingungen überhaupt stattfinden konnten. Schauen wir mit dieser Studie exemplarisch in den Maschinenraum der Erwachsenen- und Weiterbildung. Lernen wir mit dieser Anschauung Digitalisierung zu gestalten.

Prof. Dr. Michael Opielka

Geleitwort

Im Rahmen der Thüringer Digitalstrategie von 2017 wurden Voraussetzungen für einen Transformationsprozess in der Erwachsenenbildung geschaffen, der längst überfällig war. Nachdem dann im Jahre 2019 die Richtlinie für die Förderung der Digitalisierung in der Erwachsenenbildung durch das Thüringer Ministerium für Bildung, Jugend und Sport erlassen wurde, haben die beiden anerkannten Einrichtungen unter dem Dach des LEB Thüringen e.V. (LEB - Ihr Bildungspartner und AG Regionale Bildung) einen gemeinsamen Antrag für das Jahr 2020 gestellt. Aus den Erfahrungen, die bereits in der Vergangenheit mit kleinen Lösungen mit dem Schwerpunkt Einsatz von IT-Technologie gemacht wurden, haben wir den Schwerpunkt des Projektes auf die Erarbeitung einer Strategie für die Digitalisierung in der Erwachsenenbildung unter den konkreten Bedingungen unserer Einrichtungen gesetzt, um daraus ein Handlungskonzept abzuleiten. Klar war auch, dass wir eine externe Moderation des Prozesses und einen wissenschaftlich basierten Experteninput haben wollten. Mit Frau Ebersbach und Professor Schäfer vom Institut für Weiterbildung, Beratung und Planung im Sozialen Bereich e.V.   (iwis) haben wir dann auch einen passenden Partner gefunden.

Dann kam der erste Lockdown, Erwachsenenbildungseinrichtungen einschließlich unserer Ausrichter mussten schließen. Nach dem Ende des Lockdowns und beginnender Normalisierung erfolgte die nächste Schließung. Für uns als Organisation hatte das auch in Bezug auf das Projekt gravierende Folgen:

- Innerhalb kürzester Zeit musste ein Teil der Bildungsmaßnahmen auf digitale Formate umgestellt werden.

- Die interne Kommunikation wurde komplett auf digitaler Basis aufgestellt.

- In kürzester Zeit wurden Weiterbildungen für MitarbeiterInnen durchgeführt.

Neben diesen Aktivitäten haben wir gemeinsam mit Frau Ebersbach und Herrn Professor Schäfer in mehreren Workshops unsere Digitalisierungsstrategie erarbeitet

ISÖ
Institut für
Sozialökologie

und am Jahresende auch mit der konzeptionellen Umsetzung begonnen. Mit den Arbeitsgruppen und dem virtuellen Labor zur Erprobung der verschiedensten Ansätze machen wir dabei gute Fortschritte. Dies mündet schließlich in Angebote verschiedenster Art für unsere Ausrichter, unsere Lehrenden und unsere Lernenden.

Ohne die gute Unterstützung durch das iwis und ohne das herausragende Interesse und Engagement unserer Mitarbeiterinnen wären wir mit Sicherheit nicht zu den nun vorliegenden Ergebnissen gekommen. Dafür mein persönlicher Dank an Frau Ebersbach und Professor Schäfer sowie an meine Mitarbeiterinnen. Darüber hinaus gilt mein Dank auch unseren Ausrichtern, die sich unter schwierigen Bedingungen an Erhebungen beteiligt haben, mit denen wir Ideen diskutiert haben und die Vorschläge für die künftige Arbeit eingebracht haben.

Henry Birner (LEB)

Einleitung

Im Jahre 2016 haben VertreterInnen aus Bildung, Wissenschaft und Wirtschaft anlässlich des EduAction Bildungsgipfels die Erklärung „ZukunftsBildung jetzt gestalten!" verabschiedet. Die dritte von fünf Empfehlungen hat die digitale Herausforderung zum Thema; darin heißt es: „Die Digitalisierung unserer Arbeits- und Lebenswelt erfordert ein tiefgreifendes Neudenken unseres lebenslangen Lernens und unserer Lernwelten." Die Aufgabe von Bildung wird darin gesehen, die Wertgrundlagen für unser gesellschaftliches Zusammenleben zu legen und „allen Menschen Teilhabe und Partizipation" zu ermöglichen (EduAction Erklärung 2016). Die digitale Transformation ist selbst als Teil des lebenslangen Lernens zu verstehen (Fischer 2021).

Spätestens seit der Corona-Krise im Jahre 2020/21 ist die computervermittelte Kommunikation in alle Poren unseres Alltags eingedrungen und verändert Kultur und Gesellschaft. Wir befinden uns in einem umfassenden Mediatisierungsprozess, in dem die realen Dinge „Repräsentanzen in der symbolischen Welt der Computernetze erhalten, von der aus sie gesteuert und bedient werden" (Krotz 2016, S. 17). Die Abbildung und Steuerung der sozialen Welt mit Hilfe digitaler Daten wird auch als Datafizierung bezeichnet (Aßmann et al. 2016, S. 1). Die Digitalisierung, Datafizierung bzw. Mediatisierung der (Weiter-)Bildung ist kein Selbstzweck. Die zentrale Frage lautet: Wie kann Bildung künftig so gestaltet werden, dass sie mehr gesellschaftliche Teilhabe ermöglicht und die Individuen ihre Autonomie im Lernprozess erhalten?

Die hier aufgeworfene Frage bezieht sich auf sämtliche Bildungssektoren. Im Folgenden stehen zwar die Institutionen der Erwachsenen- und Weiterbildung im Fokus der Betrachtung, da die skizierten Herausforderungen aber bspw. auch für die Hochschulen[6] zutreffen, wird hierauf partiell ebenfalls eingegangen.

---

[6] Sofern die Hochschulen als Anbieter von wissenschaftlicher Weiterbildung auftreten, gehören sie sowohl zum tertiären wie zum quartären Bildungssektor (Wolter & Schäfer 2018).

ISÖ
Institut für
Sozialökologie

Die Ergebnisse der wbmonitor-Umfrage 2020 des Bundesinstituts für Berufsbildung (BIBB) und des Deutschen Instituts für Erwachsenenbildung (DIE), die im Zeitraum zwischen dem 30. Juni bis zum 9. August 2020 durchgeführt wurde, zeigen, dass die Mehrheit der Bildungsanbieter sehr unter den Auswirkungen der COVID-19-Pandemie leidet. Die folgenden Fakten machen dies deutlich (Christ & Koscheck 2021, S. 3ff.):

- Lediglich vier von zehn laufenden Weiterbildungsveranstaltungen, die vor dem ersten bundesweiten Lockdown begonnen hatten und noch nicht abgeschlossen waren, konnten fortgesetzt werden.

- 77% der geplanten Veranstaltungen, die im Zeitraum des Lockdowns beginnen sollten, wurden verschoben oder ersatzlos abgesagt.

- Die Anbieter wissenschaftlicher Weiterbildung und berufliche Schulen kamen vergleichsweise gut mit der Umstellung auf digitale Formate zurecht.

- Die Volkshochschulen und Einrichtungen in Trägerschaft von Kirchen, Parteien, Gewerkschaften o. Ä. konnten dagegen nur geringe Teile des Angebots realisieren. Diese Anbieter stimmten mehrheitlich der Aussage zu, dass die inhaltliche Ausrichtung ihres Weiterbildungsangebotes für digitale Formate nicht geeignet sei.

- Dort wo eine Umstellung auf digitale Formate stattfand, war dies mit einem erheblichen personellen und organisatorischen Aufwand verbunden. Zusätzlich kamen zum Teil finanzielle Belastungen für Investitionen in digitale Infrastrukturen hinzu.

- Die Durchführung von Präsenzveranstaltungen unter Einhaltung der Hygienevorschriften nach der Aufhebung des Lockdowns brachte bei erhöhtem personellem und organisatorischem Aufwand finanzielle Einbußen mit sich, da bei den meisten dieser Veranstaltungen die Teilnehmendenzahlen reduziert wurden.

ISÖ
Institut für
Sozialökologie

- Bei vier von zehn Weiterbildungsanbietern waren Beschäftigte in Kurzarbeit. Ein Fünftel der Anbieter erhielt Soforthilfe. Existentiell stellt sich die Situation für die Honorarkräfte dar; 70% der Einrichtungen stimmen der Aussage zu, dass ihre freiberuflichen DozentInnen in wirtschaftliche Not geraten.

- Im Vergleich zum Vorjahr beurteilen 42% der Anbieter ihre wirtschaftliche Lage negativ. Am schlechtesten schätzen Volkshochschulen und privat-kommerzielle Anbieter ihre wirtschaftliche Situation ein.

Den Corona-Sonderbefragungen im Rahmen des KfW-Mittelstandspanels (Leifels 2021) zufolge ist die betriebliche Weiterbildung im Jahre 2020 regelrecht eingebrochen. Fast 40 % der KMU haben ihre Weiterbildungsaktivitäten deutlich reduziert, die Hälfte davon auf null. Je gravierender die Corona-Betroffenheit, desto stärker ist der Rückgang. Gleichzeitig steigt der Weiterbildungsbedarf an Digitalkompetenzen.

Vor dem Hintergrund der massiven Auswirkungen des ersten Lockdowns im Frühjahr und Sommer 2020 lässt sich noch gar nicht beurteilen, wie die Erwachsenen- und Weiterbildung den Lockdown von November 2020 bis Mai 2021 bewältigen wird.

Sicher ist jetzt schon, dass die Corona-Pandemie für die Erwachsenenbildung eine „existenzielle Bedrohung" ist, wie es der wissenschaftliche Direktor des Deutschen Instituts für Erwachsenenbildung ausdrückt. „Die Einnahmen der Institute sowie ihrer Lehrkräfte, Dozenten, Trainer und Teamer, die meist nebenberuflich in der Weiterbildung arbeiten, sind einfach weggebrochen. Es stand also schnell die Frage im Vordergrund: Wird die Branche die Pandemie finanziell überstehen? Das ist die große Differenz zur Schule" (Schrader 2021).

Die Erfahrungen mit virtuellen Bildungsangeboten während des ersten Lockdowns im Frühjahr 2020 lassen sich zum Teil als Beispiele einer Emergency-Remote-Teaching-Lösung, aber auch als ein Lernexperiment, das ein großes Potenzial an Kreativität freigesetzt hat, beschreiben. Im Frühjahr 2021, nach über einem Jahr

Pandemie, lässt sich absehen, dass es ein komplettes Zurück ins vor der Corona-Krise Vertraute und Gewohnte nicht mehr geben wird. Virtuelle und hybride Konzepte haben Einzug in den Regelbetrieb der Erwachsenen- und Weiterbildung gehalten.

Wir erleben gerade eine tiefgreifende gesellschaftliche Transformation. Davon sind Arbeiten und Lernen unter dem Stichwort der Digitalisierung zentral betroffen. „Lernen neu zu denken umfasst also weit mehr als digitale Technik. Ja, es bedarf neuer Infrastruktur, neuer Lernplattformen und neuer Technologien" (FernUniversität 2020, S. 3). Dies gilt gleichermaßen für den quartären wie auch den tertiären Bildungssektor. Die Rollen von Lehrenden und Lernenden ändern sich (Granström & Niedermeier 2021). Lernen wird individueller, flexibler, selbstbestimmter und informeller. Gefragt sind hybride Lehr-Lernkonzepte, die analoge und digitale Formate miteinander verbinden. Zusätzlich steigt der Grad der Vernetzung und neue kooperative Organisationsformen eröffnen neue synergetische Potenziale. Noch fehlt allerdings ein „angemessenes Verständnis dafür, wie die Digitalisierung auch das Lernen von Grund auf verändert hat – und weiter verändern wird" (ebd.). Dies in Ansatzpunkten aufzuzeigen, ist das Anliegen dieses Textes.

Die Gliederung des Textes im ersten Kapitel orientiert sich am Mehrebenenmodell der Digitalisierung in der Erwachsenen- und Weiterbildung (Egetenmeyer & Grafe 2017, S. 7), das die folgenden sechs Ebenen umfasst: Gesellschaftlicher Kontext und Veränderung, Dachorganisationen und Institutioneller Kontext, Einrichtungen und organisationaler Kontext, Programme und Angebote, Personal und Teilnehmende bzw. Teilhabende. Bevor wir uns mit den verschiedenen Dimensionen des Mehrebenenmodells beschäftigen, nehmen wir zunächst das Lehren und Lernen mit Medien im quartären Bildungssektor insgesamt in den Blick. Es folgt eine Auseinandersetzung mit der medialen Historie der Weiterbildung, um aktuelle Diskussionen besser verstehen zu können. Sodann wird auf die kontinuierliche Selbsterneuerung als Herausforderung einer Kultur der Digitalität eingegangen. Anschlie-

ISÖ
Institut für
Sozialökologie

ßend wenden wir uns dann den Kennzeichen und Potenzialen digitaler Bildungsmedien unter verschiedenen Aspekten zu. Dabei schlagen wir den Bogen von den gesellschaftlichen Rahmenbedingungen in der VUKA-Welt[7], den institutionellen und
organisatorischen Kontexten als Rahmung über die Programmplanung und Angebotsgestaltung bis hin zur Methodik und Didaktik. Abschließend geht es dann um
die beteiligten Personen, das Weiterbildungspersonal sowie die TeilhaberInnen an
den Bildungsprozessen.

Im zweiten Kapitel wird exemplarisch die Digitalisierungsstrategie der LEB im Sinne
einer organisationssensiblen Digitalisierungsforschung (Büchner 2018, S. 343f.)
unter Bezug auf die Ergebnisse der durchgeführten Workshops vorgestellt.

Das dritte Kapitel enthält Empfehlungen an Akteure auf unterschiedlichen Ebenen,
die auf die Situation der Erwachsenen- und Weiterbildung vor dem Hintergrund der
unterschiedlichen Forschungsbefunde Bezug nehmen.

---

[7] VUKA ist das Akronym der englischen Begriffe volatility, uncertainty, complexity und ambi-
     guity.

1 Die digitale Transformation - Befunde der Forschung

1.1 Lehren und Lernen mit Medien im quartären Bildungssektor

Aufgrund der Heterogenität des quartären Sektors und der unverändert defizitären Datenlage ist es schwer, ein klares Bild zur digitalen Transformation der Erwachsenen- und Weiterbildung[8] zu zeichnen (Rohs 2019, S. 119f.). Die Beschäftigung mit Prozessen der Digitalisierung im Bereich der Erwachsenen- und Weiterbildungsforschung ist bisher eher fragmentarisch. Der Sammelband „Erwachsenenpädagogische Digitalisierungsforschung" (Bernhard-Skala et al. 2021) setzt hier wichtige neue Impulse.

Zu Beginn der Auseinandersetzung mit dem Thema der Digitalisierung in der Erwachsenen- und Weiterbildung gilt es zunächst erstens kurz an die Besonderheiten des quartären Bildungssektors zu erinnern, sie zweitens in dem politischen Gefüge zu verorten und drittens einen Blick auf die Begrifflichkeiten zu werfen, die nicht immer ganz trennscharf im Zusammenhang mit digitalen Bildungsmedien verwendet werden.

Im Unterschied zur schulischen und beruflichen Bildung sowie zum Hochschulstudium weist die Weiterbildung einige besondere Merkmale auf. In ihrem Strategiepapier „Bildung in der digitalen Welt" weist die Kultusministerkonferenz (2017) auf die folgenden speziellen Kennzeichen hin: Diversität der Lernenden, Lehrplanfrei-

---

[8] Der Deutsche Bildungsrat hat mit seinem „Strukturplan für das Bildungswesen" (1970) den Begriff der Weiterbildung etabliert. Während mit der Erwachsenenbildung primär der Fokus auf einem Identitätslernen liegt, verweist der Begriff der Weiterbildung stärker auf den Aspekt der Qualifizierung und betont die Kontinuität des Lernens im Lebenslauf. Heute werden die Begriffe der Erwachsenenbildung und der Weiterbildung zumeist synonym – wie auch in diesem Text – verwendet.

heit und niedriger Formalisierungsgrad, geringe staatliche Regulierung sowie Pluralität der Weiterbildung. Zu ergänzen sind die relativ geringen öffentlichen Bildungsausgaben für diesen Bereich (Walter 2015, S. 8).

Die Weiterbildung hat ihren Ursprung gleichermaßen im Prozess der Aufklärung und der Industrialisierung. Ihre Begründungen oszillieren deshalb zwischen diesen beiden Polen. Weiterbildung verortet sich heute in der Schnittmenge von mindestens drei Teilbereichen der politischen Gestaltung: der Wirtschafts- und Beschäftigungspolitik, der Sozialpolitik sowie der Bildungs- und Kulturpolitik.

Bildung in der Erwachsenenbildung ist die aktive Auseinandersetzung des Menschen mit der Welt und sich selbst. Ihr Ziel ist es, die Welt in ihrer Komplexität sowie die eigene Person darin zu verstehen, zu reflektieren und handlungsfähig zu sein. Bildung vollzieht sich in dem Zusammenspiel von Welt- und Selbsterkenntnis. Der Deutsche Ausschuss für das Erziehungs- und Bildungswesen drückt dies in seinem 1960 veröffentlichten Gutachten zur Situation und Aufgabe der deutschen Erwachsenenbildung wie folgt aus: „Gebildet im Sinne der Erwachsenenbildung wird jeder, der in der ständigen Bemühung lebt, sich selbst, die Gesellschaft und die Welt zu verstehen und diesem Verständnis gemäß zu handeln" (Deutscher Ausschuss für das Erziehungs- und Bildungswesen 1960, S. 870).

Erwachsenenbildung steht in diesem Verständnis für eine „offene, allgemeinbildende, vor allen Dingen kulturelle, soziale und politische Persönlichkeitsbildung durch Aufklärung, Wissensvermittlung und Kompetenzentfaltung" (Dewe 2006, S. 121). Die Erwachsenenbildung ist einer egalitären Grundidee verpflichtet, die auf eine gleichberechtigte Teilhabe aller Menschen an sämtlichen Bildungsangeboten abzielt. Sie richtet sich an alle Bevölkerungsschichten und Milieus und engagiert sich in einem weiten Begriffsverständnis von Inklusion, d.h., „dass allen Menschen – unabhängig von Geschlecht, Religion, ethnischer Zugehörigkeit, besonderen Lernbedürfnissen, sozialen oder ökonomischen Voraussetzungen – die gleichen Möglichkeiten offen stehen [sic], an qualitativ hochwertiger Bildung teilzuhaben und ihre Potenziale zu entwickeln" (Kill 2012, S. 20). Über den Erwerb von Bildung

ISÖ
Institut für
Sozialökologie

sollen gesellschaftliche Teilhabechancen insbesondere für jene eröffnet werden, die gesellschaftlich marginalisiert sind. In der jüngeren Vergangenheit ist das Bewusstsein dafür gewachsen, durch empirische Studien deutlicher zu akzentuieren, dass der Nutzen der Weiterbildung über den Erwerb spezifischer Kenntnisse und Fähigkeiten hinausgeht. Aktuelle Forschungen belegen die monetären und nicht-monetären Erträge von Weiterbildung (Schrader et al. 2020).

Da es an dieser Stelle nicht darum gehen kann, die Entwicklungslinien der Erwachsenenbildung und des lebenslangen Lernens auch nur annähernd nachzuzeichnen (Schäfer 2021), beschränken wir uns darauf, die wesentlichen bildungspolitischen Hintergründe – beginnend in den 1970er-Jahren – kursorisch zu skizzieren. Verwiesen sei zunächst auf jene Diskussionen, die seit den frühen 1970er-Jahren von supra- und internationalen Organisationen wie der UNESCO, der OECD, dem Europarat und der EU geführt wurden. Exemplarisch erwähnt seien der Bericht der von der UNESCO eingesetzten Faure-Kommission (Faure et al., 1973), das Konzept der „Recurrent Education" vom Centre for Educational Research and Innovation (1973) sowie der UNESCO-Bericht zur Bildung für das 21. Jahrhundert (UNESCO 1997). Damals wie heute geht es um die Schaffung eines effizienten und flexiblen Bildungssystems. In den 1970er-Jahren war dies verbunden mit dem Bestreben nach mehr Chancengleichheit. In den 1990er-Jahren findet der erneute Diskurs um das lebenslange Lernen seinen Niederschlag im Weißbuch zur allgemeinen und beruflichen Bildung (Europäische Kommission 1995), im von der EU proklamierten Jahr des lebenslangen Lernens (1996) sowie dem „Memorandum über Lebenslanges Lernen" der Kommission der Europäischen Gemeinschaften (2000). In dem zuletzt genannten Dokument werden zwei gleichermaßen wichtige Ziele lebenslangen Lernens genannt: die Förderung der aktiven Staatsbürgerschaft und die Förderung der Beschäftigungsfähigkeit. Diese Auffassung vertritt auch der Europäische Rat (2000, Ziffer 33): „Die lebenslange Weiterbildung ist ein ganz wesentliches Mittel, um gesellschaftliche Teilhabe, sozialen Zusammenhalt und die Beschäftigung weiterzuentwickeln." Die Europäische Kommission (2001, S. 9) bezeichnet als lebenslanges Lernen „alles Lernen während des gesamten Lebens, das der Verbesserung von Wissen, Qualifikationen und Kompetenzen dient und im Rahmen einer persönlichen, bürgergesellschaftlichen, sozialen bzw. beschäftigungsbezogenen Perspektive erfolgt". Die Idee des lebenslangen bzw. lebensbegleitenden Lernens ist ein bildungspolitisches Konzept, das alle Altersstufen, Bildungsinstitutionen und Lernformen umfasst und einen bildungsbereichsübergreifenden Anspruch formuliert. Unterschieden werden heute drei Dimensionen des lebenslangen Lernens: lifelong, life-wide und life-deep. Alle drei Jahre legt die UNESCO einen Weltbericht zur Erwachsenenbildung, den Global Report on Adult Learning (GRALE), vor, den das UNESCO-Institute for Lifelong Learning erstellt. Der Bericht basiert auf Daten aus 159 Ländern und dient dem Monitoring der globalen Entwicklungen im Bereich der Erwachsenenbildung. Der Hinweis auf die Bedeutung des lebenslangen Lernens findet sich auch in der 2030-Agenda für Nachhaltige Entwicklung, die am 25. September 2015 beim UNO Nachhaltigkeitsgipfel verabschiedet wurde. Das vierte der insgesamt 17 Sustainable Development Goals (SDGs) lautet: „Ensure inclusive and equitable quality education and promote lifelong learning opportunities for all" (Vereinte Nationen, 2015, S. 19) (Abb. 1).

Wie die OECD (2021) in ihrer Studie „Continuing Education and Training in Germany" konstatiert, steht Deutschland vor der Herausforderung, sich bei der Weiterbildung stärker um die Bedürfnisse Geringqualifizierter zu kümmern und insgesamt sein Weiterbildungssystem kohärenter zu gestalten. Eine zentrale Empfehlung der Studie ist es, die komplexen Strukturen der deutschen Weiterbildungslandschaft zu vereinfachen, um für die AdressatInnen mehr Transparenz und Vergleichbarkeit zu schaffen. Ein nationales Weiterbildungsgesetz könnte einen Rahmen setzen, der Zuständigkeiten, Organisation, Anerkennung, Finanzierung und Qualitätsstandards regelt.

Abbildung 1: Globale Meilensteine von Erwachsenenbildung und Lebenslangem Lernen[9]

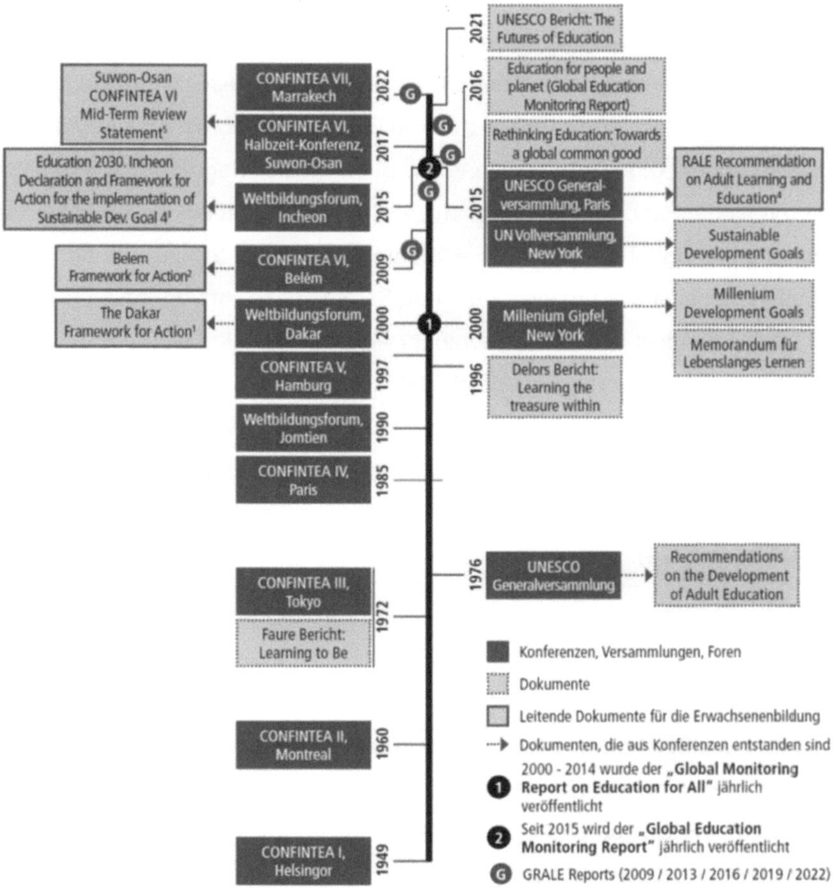

Timeline

Jahr	Konferenz/Versammlung	Dokument
2021		UNESCO Bericht: The Futures of Education
2022	CONFINTEA VII, Marrakech (G)	
2016		Education for people and planet (Global Education Monitoring Report)
2017	CONFINTEA VI, Halbzeit-Konferenz, Suwon-Osan (G)	Rethinking Education: Towards a global common good
		UNESCO Generalversammlung, Paris → RALE Recommendation on Adult Learning and Education[4]
2015	Weltbildungsforum, Incheon (G)	UN Vollversammlung, New York → Sustainable Development Goals
2009	CONFINTEA VI, Belém (G)	
2000	Weltbildungsforum, Dakar	Millenium Gipfel, New York → Millenium Development Goals / Memorandum für Lebenslanges Lernen
1997	CONFINTEA V, Hamburg	Delors Bericht: Learning the treasure within
1996		
1990	Weltbildungsforum, Jomtien	
1985	CONFINTEA IV, Paris	
1976		UNESCO Generalversammlung → Recommendations on the Development of Adult Education
1972	CONFINTEA III, Tokyo / Faure Bericht: Learning to Be	
1960	CONFINTEA II, Montreal	
1949	CONFINTEA I, Helsingor	

Linke Spalte (Dokumente):
- Suwon-Osan CONFINTEA VI Mid-Term Review Statement[5]
- Education 2030. Incheon Declaration and Framework for Action for the implementation of Sustainable Dev. Goal 4[3]
- Belém Framework for Action[2]
- The Dakar Framework for Action[1]

Legende

- ▪ Konferenzen, Versammlungen, Foren
- ▫ Dokumente
- ▫ Leitende Dokumente für die Erwachsenenbildung
- --→ Dokumenten, die aus Konferenzen entstanden sind
- ❶ 2000 - 2014 wurde der „Global Monitoring Report on Education for All" jährlich veröffentlicht
- ❷ Seit 2015 wird der „Global Education Monitoring Report" jährlich veröffentlicht
- Ⓖ GRALE Reports (2009 / 2013 / 2016 / 2019 / 2022)

Quelle: Hinzen 2021, S. 9

---

[9] CONFINTEA ist eine internationale/zwischenstaatliche Konferenz zum Thema Erwachsenenbildung; die Abkürzung stammt aus dem Französischen „Conférence Internationale sur l'Education des Adultes", die von der UNESCO organisiert wird.

Wenn es im Folgenden um das Lehren und Lernen mit digitalen Medien in der Erwachsenen- und Weiterbildung geht, so geschieht dies immer auf dem Boden der skizzierten Haltungen, Werte und Orientierungen. Wenn dabei verkürzt die Rede von „digitaler Bildung" ist, wie bspw. bei der vom BMBF (2021) ins Leben gerufenen „Initiative Digitale Bildung", der „Charta Digitale Bildung" (Gesellschaft für Informatik 2019) oder bei der Namensgebung des zu Beginn des Jahres 2017 gegründeten Bundesverbandes „Digitale Bildung e.V.", so gilt es diesen Begriff kritisch zu hinterfragen. Zumindest sachlich ist er falsch, „weil Bildung nach keiner mir bekannten Bildungstheorie digital sein kann", wie Vollbrecht (2018, S. 26) zutreffend konstatiert. Es handelt sich hier um eine „entleerte Sammelbezeichnung, ein eingängiges Label (...), das für alles und nichts gebraucht werden kann" (Kübler 2018, S. 17). Auf den Punkt bringt es der Rat für kulturelle Bildung (2019, S. 22), wenn er schreibt, „digitale Bildung an sich gibt es nicht". Was allerdings existiert, sind eine Auseinandersetzung um Deutungshoheiten im Bildungsbereich und Versuche, Zielsetzungen der Digitalwirtschaft im Bildungs- und Wissenschaftsbereich durchzusetzen (Altenrath et al. 2020).

Anstatt von digitaler Bildung sollte präziser und zutreffender die Rede von digitalen Bildungsinfrastrukturen, Lernen mit digitalen Medien bzw. Lernen über Entwicklungen in der Digitalisierung sein. Die sog. „digitale Bildung" ist nicht die Digitalisierung der Bildung. Digitalisierung bedeutet lediglich, ein analoges Angebot in eine digitale Form zu bringen. Einem solchen Verständnis liegt auch die Unterscheidung von Ebner et al. (2013, S. 3.) zugrunde; hier werden drei Begrifflichkeiten differenziert: (1) als Klammer das Lernen und Lehren mit Technologien, „das alle Lern- und Lehrprozesse sowie -handlungen (umfasst), bei denen technische, vor allem elektronische (...) Geräte und Anwendungen" zum Einsatz kommen, (2) das E-Learning, wenn „Computer in Netzwerken" die Basis für die Lehr- und Lernhandlungen sind sowie (3) Lernen mit neuen Medien, von dem die Medienpädagogik oder Medieninformatik spricht, wenn „Kanäle oder Systeme gemeint sind, über die Daten und Informationen gespeichert, übertragen oder vermittelt werden" (Abb. 2).

ISÖ
Institut für
Sozialökologie

Abbildung 2: Lernen und Lehren mit Technologien

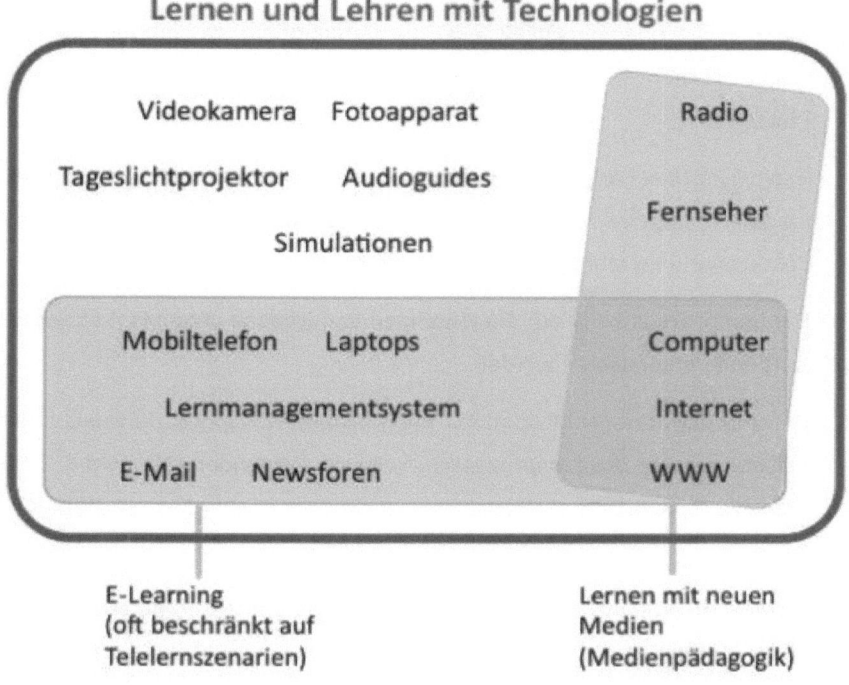

Lernen und Lehren mit Technologien

Quelle: Ebner et al. 2013, S. 4

Eine einheitliche Definition, was unter den angeführten Begrifflichkeiten im Einzelnen verstanden wird, existiert in der Wissenschaft allerdings nicht, so dass wir es immer wieder mit unterschiedlichen Verständnissen beim Gebrauch der Begriffe zu tun haben; dies lässt sich leider nicht vermeiden (Dander 2020, S. 20). Eine durchgehend konsistente Begrifflichkeit bleibt insofern eine derzeit nicht erfüllbare Hoffnung.

Bei allen begrifflichen Unterschieden sind kennzeichnende Charakteristika des Lehrens und Lernens mit (digitalen) Technologien die folgenden Punkte:

- Die *Ortsunabhängigkeit* verleiht ihnen ein hohes Maß an Flexibilität und Anpassungsfähigkeit; es macht sie ubiquitär.

- Die *zeitliche Unabhängigkeit* lässt die Verknüpfung synchroner und asynchroner Lernphasen sowie die Vernetzung von Präsenzphasen und virtuellen Phasen zu.

- *Räumliche Unabhängigkeit* entsteht dadurch, dass sich Distanzen problemlos überwinden lassen; Lernorte und Lerngegenstände können in virtuellen Lernszenarien erfahrbar gemacht werden.

- Der Lernprozess kann auf die jeweiligen Bedürfnisse angepasst *individualisiert* und personalisiert werden.

- Das Interaktivitäts-, Partizipations- und Kollaborationspotenzial erlaubt mehr *Selbststeuerung des Lernprozesses* durch die Lernenden (Albrecht & Revermann 2016, S. 8ff.).

Die genannten Merkmale verbinden sich mit den Trends zum *mobilen Lernen* und zum *informellen Lernen* in sozialen Netzwerken. Das Lernen durch soziale Netzwerkbildung im Medium von Online-Lernen stellt neue Herausforderungen an das Arrangement von Weiterbildung (Lauber-Pohle 2016).

Insgesamt verleiht dies den digitalen Bildungsmedien eine Allgegenwart, was technologisch ohne Zweifel als Potenzial gesehen werden kann – ob es dies auch gesellschaftlich sein kann, hängt von den jeweils einzuschlagenden Mediatisierungspfaden ab.

1.2 Erwartungen und Hoffnungen in historischer Perspektive

Erste Hinweise zur didaktisch-methodischen Gestaltung medialer Bildungsangebote gibt uns bereits J. A. Comenius (2000, S. 136) in der *Didactica magna* aus dem 17. Jahrhundert: „Alles soll wo immer möglich den Sinnen vorgeführt werden, was sichtbar dem Gesicht, was hörbar dem Gehör, was riechbar dem Geruch, was schmeckbar dem Geschmack, was fühlbar dem Tastsinn. Und wenn etwas durch verschiedene Sinne aufgenommen werden kann, soll es den verschiedenen zugleich vorgesetzt werden." Die Lernpsychologie bestätigt diese Regel, indem sie auf die synergetischen Effekte hinweist, die entstehen, wenn die Begegnung mit dem Bildungsgut auf möglichst unterschiedliche Art geschieht. Wir sprechen hier von einer *Multimodalität*. Es kommt dabei auf eine doppelte Passung an: Erstens sollte eine Passung zwischen dem Lerninhalt und seiner medialen Präsentationsform hergestellt werden, und zweitens gilt es, die Form der Präsentation, in der ein Inhalt vermittelt wird, möglichst optimal dem vom Individuum präferierten sinnlichen Wahrnehmungskanal anzupassen. Der Begriff Multimedia umfasst nicht nur die *Multimodalität*, sondern auch die *Multicodalität*; diese verweist auf unterschiedliche Formen mentaler Repräsentationen. Unterschieden werden sprachlich-symbolische und bildlich-ikonische Zeichensysteme. Erst wenn auch die Zeichensysteme sinnvoll miteinander, möglichst komplementär simultan und nicht zu redundant, in Beziehung gebracht werden, stellen sich Lernvorteile ein. Wichtig ist dabei, dass die Lernenden selbst über ihre Lerngeschwindigkeit bestimmen können.

Die Fantasie des Menschen, wie neue Technologien sowohl zur Optimierung des Lernens eingesetzt, als auch die Chancen auf Teilhabe an Bildung für alle Menschen besser gewährleistet werden können, hat eine lange Geschichte. Im Jahr 1899 erschien in der Zeitschrift *Die Woche* eine utopische Erzählung von Kurd Laßwitz (1982, S. 72) aus Gotha. Sie trägt den Titel *Die Fernschule*. Darin wird geschildert, wie der Gymnasialprofessor Frister träumt, ins Jahr 1999 versetzt und Fernlehrer der Geografie zu sein. Mit seinen SchülerInnen, die genauso wie er in ihren eigenen Wohnungen sitzen, ist er über eine Art Videokonferenzschaltung verbunden. Lediglich in den Fällen, „wo die Eltern nicht die Mittel haben, den gesamten Fernlehrapparat im Hause unterzubringen, begeben sich die Schüler zu den dazu eingerichteten öffentlichen Fernlehrstellen."

Wie ein roter Faden zieht sich durch die Geschichte der Erwachsenenbildung das Phänomen, dass sich mit jeder neuen Bildungstechnologie die mehr oder weniger ausgeprägte Erwartungshaltung verbindet, diese könnte zum Abbau von Bildungs-privilegien, zur Angleichung von Lernchancen und zur Demokratisierung der Bildung beitragen. Diese egalitären Hoffnungen sind – wie die Erfahrung zeigt – vielfach enttäuscht worden. Die Hoffnung, durch neuartige Kommunikations- und Informationstechniken ließen sich soziale Disparitäten ausgleichen, sozialisations-bedingte Benachteiligungen verringern und Bildungsabstinenz überwinden, haben sich bislang nicht erfüllt. Stattdessen droht ein Zerfall der Bevölkerung in die Kommunikationsarmen und die Kommunikationsreichen. Ein Befund, der sich bereits seit Jahrzehnten empirisch immer wieder bestätigt hat, droht, sich auch künftig fortzusetzen (Deutscher Weiterbildungstag 2016). Er ist unter dem Stichwort der *Wissensklufthypothese* bzw. der *digitalen Spaltung* in die Medienforschung einge-gangen. Wie die Studie der Initiative D21 (2016) zeigt, haben sich die Ungleichhei-ten in Bezug auf die Kompetenzen im Umgang und der Nutzung digitaler Medien in den vergangenen Jahren gesteigert. Um einer digitalen Spaltung unserer Gesell-schaft entgegenzuwirken, gilt es die Bildungsbemühungen zum Kompetenzerwerb und zur digitalen Selbstbestimmung zu intensivieren.

Die Erwachsenenbildung ist herausgefordert, nach Wegen und Mitteln zu suchen, die kommunikative und kulturelle Polarisierung der Bevölkerung nicht noch größer werden zu lassen bzw. abzubauen. Das Zauberwort zur Bewältigung dieser gesell-schaftlichen Aufgabe lautet *Medienkompetenz*. Wurde früher Medienkompetenz nahezu ausschließlich als individuelle Kompetenz verstanden, so wird sie heute auch als gesellschaftliche Kompetenz gesehen; damit ist gemeint, dass wir als Ge-meinwesen kompetent darüber entscheiden können, welche Entwicklungspfade der Mediatisierung wir beschreiten wollen, weil wir sie für eine demokratische Ge-sellschaft angemessen halten (Krotz 2016, S. 25). Der Medienpädagogik kommt hier eine Schlüsselrolle zu, wie die Gesellschaft für Medienpädagogik und Kommu-nikationskultur (2016) in ihrem Positionspapier *Datafizierung des Lebens* feststellt: „Mit ihrem Fokus auf eine umfassende Bildung und die Persönlichkeitsentwicklung des Menschen leistet sie (die Medienpädagogik) einen maßgeblichen Beitrag dazu, dass ein sozial verantwortliches, kulturell reichhaltiges und demokratisches Leben in einer datafizierten Welt möglich ist."

Auch in der Stellungnahme des Vorstandes der Sektion Medienpädagogik der DGfE zur Covid-19 Situation (Vorstand Sektion Medienpädagogik 2020, S. 2) wird auf den umfassenden Auftrag der Medienbildung hingewiesen: „Medienbildung trägt dazu, neben einer rein *anwendungsbezogenen* Perspektive (Wie nutze ich das?) und einer *technologischen* Perspektive (Wie funktioniert das?), eine gesellschaftlich-kulturelle (Wie wirkt das?) sowie eine *emanzipatorisch-bildungstheoretische* Perspektive (Was will ich?) bei." In diesem Sinne plädiert auch das Strategiepapier „Digitale Datenerhebung und -verwertung als Herausforderung für Medienbildung und Gesellschaft" dafür, die demokratische „Mitgestaltung der digitalen Infrastruktur" selbst zum Gegenstand pädagogischer Bemühungen zu machen. Weiter heißt es: „Die Medienpädagogik ist (…) aufgefordert, ihre Konzepte und Modelle gegenüber Big Data Analytics und Predictive Analytics[10] zu schärfen und verstärkt Medienkompetenz im Sinne eines wissenden und kritischen Umgangs mit eigenen Daten und mit den Daten anderer zu fördern (…) Digitale Selbstbestimmung kann nicht individualisiert werden, sondern ist auf einen (zivil)gesellschaftlich verankerten Handlungsrahmen angewiesen, der dies ermöglicht" (Aßmann et al. 2016, S. 5).

Die Weiterbildung hat in den vergangenen Jahrzehnten schon mehrere *Wellen einer Medieneuphorie* erlebt. Anfang der 1970er-Jahre herrschte nicht nur gesellschaftspolitisch eine Aufbruchsstimmung, auch der Glaube an den wissenschaftlich-technischen Fortschritt war nahezu ungebrochen. Vor diesem Hintergrund konnte sich eine bildungstechnologische Auffassung Gehör und Einfluss verschaffen, der es um eine Rationalisierung und Effektivierung von Lernprozessen mittels programmierter Unterweisung und kybernetisch durchstrukturierter Lernprozesse ging. „Bildungsökonomische Gesichtspunkte, Lehrermangel und Übernahme von Erkenntnissen der behavioristischen Lerntheorie gaben den Ausschlag für die Entwicklung

---

[10] Predictive Analytics ist ein Bereich, der sich mit der Vorhersage der wahrscheinlichen Zukunft und Trends auf der Basis erhobener Daten auseinandersetzt.

ISÖ
Institut für
Sozialökologie

erster Formen des programmierten Unterrichts" (Hüther & Podehl 1990, S. 114). Man glaubte, mithilfe des computergestützten Unterrichts Lernprozesse optimieren und zugleich den Lehrer substituieren zu können. Parallel hierzu wurde in Anknüpfung an die Radiotheorie von Brecht (1967) eine Debatte über das gesellschaftspolitische Partizipationspotenzial der Medien geführt (Enzensberger 1970). Der forcierte Ausbau von Selbstlernzentren (Jüchter 1971) geriet jedoch mangels fehlender Akzeptanz seitens der Klientel ins Stocken, die Bemühungen um Funk- und Telekolleg machten nur kleine Fortschritte, und der Versuch „Fernstudium im Medienverbund" − ein gemeinsames Experiment aller Bundesländer − scheiterte. Wie die Praxis der Medienverbundprojekte zeigte, konnte das Lernen mithilfe von Informations- und Kommunikationstechniken nicht die persönliche Präsenz in den Kursen ersetzen. Es setzte sich die Erkenntnis durch, dass aus methodisch-didaktischen Gründen mediengestütztes Lernen nur dann sinnvoll sein kann, wenn es von sozialen Lernphasen unterstützt und ergänzt wird.

Mitte der 1980er-Jahre boten die Kabelpilotprojekte ein interessantes Experimentierfeld für die Erprobung neuer Ansätze in der medienbezogenen Bildungsarbeit. Im Rahmen der Feldversuche betätigten sich Erwachsenenbildungsinstitutionen als Programmanbieter und -produzenten, initiierten lokale Medienverbünde, richteten Medienwerkstätten ein und gaben BürgerInnen Hilfestellung bei der Produktion von Beiträgen für Offene Kanäle (Baacke et al. 1990). Bereits in dieser Zeit ist der Trend einer Konvergenz von Bildung und Unterhaltung zu beobachten, den wir als Edutainment (Schäfer 1991) bezeichnen und der sich nach der Jahrtausendwende in der Gamification (Geisler 2019), der Übertragung von Game-Design-Elementen in andere Kontexte, hier die des Lernens, konsequent fortsetzt. Sailer (2016) zeigt anhand empirischer Studien, dass Gamification im Kontext manueller Arbeitsprozesse sowohl die Motivation fördern als auch die Qualität und Quantität der erbrachten Leistung steigern kann.

Ab Mitte der 1990er-Jahre entwickelte sich mit der stetig wachsenden Verbreitung des Internets aus dem Computer Based Training (CBT) das Web Based Training

ISÖ
Institut für
Sozialökologie

(WBT). Mit dem Blended Learning wurde eine Mischung von Präsenzlernen und E-Learning geschaffen, das die Vorteile beider Lernformen zu integrieren versucht. Die noch zu Beginn des neuen Jahrtausends prognostizierte komplette Umstellung von Bildungsinstitutionen von den Präsenzformen des Lernens auf das E-Learning (Encarnação et al. 2000) wurde keine Wirklichkeit. Allerdings haben E-Learning-Plattformen sich als ein sehr nützliches Instrument für die Unterstützung von verschiedensten Lernprozessen erwiesen. Der noch bis vor kurzer Zeit gemachte Hype um die kostenlosen Massive Open Online Courses (MOOC), die traditionelle Formen der Wissensvermittlung (Videos, Audiobeiträge und Texte) mit Internetforen kombinieren, ist nicht zuletzt aufgrund der hohen Abbrecherquoten erheblich abgeflaut, wenn nicht gar beendet. Stattdessen wurde anschließend für Small Private Online Courses (SPOC) plädiert (Brinck 2015, S. 70).

Seit den 2000er Jahren richten sich die Erwartungen und Hoffnungen auf eine mediatisierte Lernwelt. Hierunter wird das Lernen in einer digital vernetzten Welt verstanden. Sie reicht von den Formen des klassischen E-Learnings, mit real bzw. virtuell lokalisierbaren Bildungsangeboten, bis hin zu jenen, vollständig in die Lebens- und Berufswelt der teilhabenden Individuen integrierten Formen digitalen Lernens. Mediatisierte Lernwelten speisen sich aus der Mobilität, Flexibilität, Interaktivität, Konvergenz und Konnektivität bereits existierender Elemente der technischen Entwicklung, die in ihrer Kombination neue Optionen eröffnen. Die mediatisierten Lernwelten durchdringen gleichermaßen formale, nichtformale und informelle Lernprozesse (Hugger & Walber 2010).

Auch die (UNESCO 2015, S. 2) weist im RALE (Recommendation on Adult Learning and Education) auf die wachsende Bedeutung digitaler Medien hin: „Information and communication technologies (ICT) are seen as holding great potential for improving access by adults to a variety of learning opportunities and promoting equity and inclusion. They offer various innovative possibilities for realizing lifelong learning, reducing the dependence on traditional formal structures of education and permitting individualized learning. Through mobile devices, electronic networking, social media and online courses, adult learners can have access to opportunities to learn anytime and anywhere".

Die Klagen über den Rückstand Deutschlands in der digitalen Bildung wurden vor dem Jahr 2020 mit unterschiedlicher Intensität vorgetragen, besonders nachdrücklich von Müller-Eiselt & Dräger (2015). Dabei richten sich die Hoffnungen, aber auch die Befürchtungen auf das adaptive Lernen; das in automatisierter Form individualisiertes und an die jeweiligen Bedürfnisse der Lerner angepasstes Wissen zu vermitteln verspricht.

Die Einstellungen und Haltungen gegenüber der Digitalisierung sind ambivalent. Zum einen kann Digitalisierung zur Öffnung von Bildung beitragen, wenn sie als Open Education in einer Kultur des Teilens verstanden wird. Zum anderen wird Bildung als Ware begriffen, die reguliertes Lernen mit vorgefertigten Inhalten offeriert (Kerres & Buntins 2020, S. 18f.). Empirische Daten weisen darauf hin, dass sich bestehende Disparitäten eher verstärken und die Gefahr einer digitalen Spaltung real ist (Dudenhöffer & Meyen 2012; Iske et al. 2016; Walgenbach 2017). Die jüngsten Ergebnisse der AES[11]-Zusatzstudie zur Digitalisierung in der Weiterbildung (BMBF 2020, S. 5) weisen deutlich darauf hin, dass „Bildung mit digitalen Medien nicht etwa einem Chancenausgleich für Personen mit geringer Bildungsaffinität" dient, sondern eher „im doppelten Sinne" benachteiligend ist. Wie eine repräsentative Befragung des Instituts für Demoskopie Allensbach im Auftrag der Stiftung Lesen (Ehmig 2021) zeigt, drohen bildungs- und leseferne Bevölkerungsgruppen durch eine zunehmende Digitalisierung abgehängt zu werden, weil sie sich Anforderungen gegenübersehen, denen sie faktisch nicht gewachsen sind.

Der AES-Trendbericht liefert bereits Ergebnisse zur Mediennutzung im Rahmen des informellen Lernens; demnach findet derzeit knapp jede dritte diesbezügliche Bil-

---

[11] AES steht für Adult Education Survey

ISÖ
Institut für
Sozialökologie

dungsaktivität mit digitalen Medien statt (BMBF 2019, S. 5, 58f.). Die Corona-Pandemie hat zum einen zwar einen Digitalisierungsschub bewirkt, zum anderen aber auch die noch vorhandenen Defizite klar aufgezeigt. Der Nationale Bildungsbericht „Bildung in Deutschland" (Autorengruppe Bildungsberichterstattung 2020), der alle zwei Jahre eine systematische Bestandsaufnahme des gesamten deutschen Bildungssystems vornimmt, kommt bezüglich des Standes der Digitalisierung zu dem Ergebnis, dass einerseits das „Lehrpersonal in der Weiterbildung (...) nahezu vollständig auf selbstorganisiertes und informelles Lernen angewiesen" ist und andererseits die Förderpolitik kaum „über die Bildungsbereiche hinweg koordiniert ist" (Autorengruppe Bildungsberichterstattung 2020, S. 301).

In einer Stellungnahme vom November 2020 weist das Leibniz-Forschungsnetzwerk Bildungspotenziale (LERN 2020) darauf hin, dass die derzeitigen Anstrengungen zur digitalen Wende an den Bildungseinrichtungen zwar zu begrüßen sind, sie jedoch zu zögerlich geschehen und zudem die Gefahr bergen, dass sie zu kurz greifen. Das Netzwerk schlägt vor, ein Gesamtkonzept zu entwickeln, in dem die Maßnahmen der einzelnen Bildungsbereiche bestmöglich ineinandergreifen. „Eine Modernisierung und kontinuierliche Weiterentwicklung von Bildungszielen und -prozessen kann nur gelingen, wenn die Politik des Bundes und der Länder, Forschung und Praxis eng aufeinander abgestimmt agieren" (ebd., S. 1). Dabei ergibt sich „eine besondere Herausforderung für die politische Steuerung (...) durch die Heterogenität institutioneller Strukturen und Zuständigkeiten über die Bildungsbereiche (Kindertageseinrichtungen, Schule, Weiterbildung, kulturelle Bildung) hinweg. Aus Sicht der Autorinnen und Autoren kann eine Modernisierung und kontinuierliche Weiterentwicklung von Bildungszielen und -prozessen nur gelingen, wenn Politik, Forschung und Praxis eng aufeinander abgestimmt agieren. Bottom-up-Prozesse, die sich durch einzelne Innovationen ergeben und gezielte Steuerungsmaßnahmen (Top-down-Prozesse) müssen ineinandergreifen" (ebd., S. 6), so heißt es in dem Positionspapier.

Die Erfahrungen in der Corona-Krise haben aber auch gezeigt, dass trotz der Digitalisierung die Präsenzformate unverzichtbar bleiben. Die zentrale Herausforderung für die weitere Digitalisierung wird darin bestehen, auf ein abgestimmtes „Zusammenspiel von technischer Infrastruktur, personeller Professionalisierung und institutioneller Konzeptualisierung" (Autorengruppe Bildungsberichterstattung 2020, S. 25) zu achten.

1.3 Kontinuierliche Selbsterneuerung als Herausforderung einer Kultur der Digitalität

Unsere Gesellschaft erlebt gegenwärtig den Übergang von der Epoche des Buches in die Epoche der digitalen Medien. Jede Gesellschaft verfügt über ein Leitmedium und dieses verändert sich gerade. Vorausgegangen sind die Epoche der Mündlichkeit in der Stammesgesellschaft und die Epoche der Schriftlichkeit, welche die antike Hochkultur begründete (Abb. 3). Nach der Analyse von Mc Luhan, der mit seinem Klassiker „Die Gutenberg-Galaxis" (1962) den Grundstein für eine moderne Medientheorie legte, wurde bereits Mitte des letzten Jahrhunderts das Ende des Buchzeitalters eingeläutet, wie der Untertitel verrät. Die Übergänge von den einzelnen Epochen sind jeweils mit tiefgreifenden Veränderungen der Struktur und Kultur einer Gesellschaft verbunden.

Abbildung 3: Medienepochen der Menschheitsgeschichte

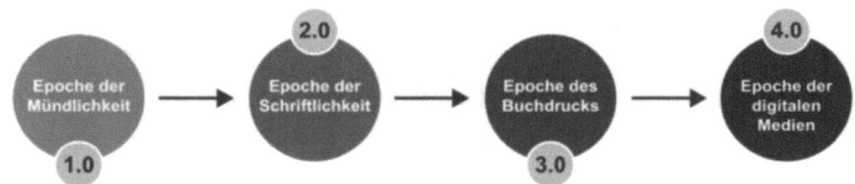

Quelle: Baecker 2018

Für Baecker (2018, Klappentext) ist die vierte Medienepoche der Menschheitsgeschichte mit einer Transformation durch elektronische und digitale Medien verbunden, „die nur angemessen zu würdigen ist, wenn man das Stichwort der Digitalisierung der Gesellschaft in der Ambivalenz des Genitivs ernst nimmt. In der Formulierung von der Digitalisierung der Gesellschaft steht die Gesellschaft sowohl im genitivus subiectivus als aktives Subjekt der Digitalisierung wie auch im genitivus obiectivus als passives Objekt der Digitalisierung."

Wir erleben heute eine „grundlegende Veränderung der Art, wie Wissen generiert und dargestellt wird. Die *Digitalität* – verstanden als von digitalen Technologien geprägte Bedingung, wie wir etwas über die Welt erfahren und wie wir mit der Welt verbunden sind – erlaubt uns andere Beziehungen zu knüpfen, neue Muster der Darstellung zu suchen und den bisherigen Mustern zu misstrauen" (Stalder 2019, S. 51). Die zentrale Herausforderung der Kultur der Digitalität (Stalder 2016) ist dabei die *Komplexitätszunahme*.

Digitalisierung ist eine Entwicklung, „die die Gesellschaft und ihre Funktionssysteme durchdringt" (Kerres & Buntins 2020, S. 12), deshalb lässt sich keine trennscharfe Grenze mehr ziehen zwischen einer Bildung, die sich digitaler oder nichtdigitaler Medien und entsprechender Infrastrukturen bedient. Das Digitale ist längst in unsere Handlungspraktiken eingebettet (Kerres & Buntins 2020, S. 13). „Die Digitalisierung des klassischen Lernraumes steht (…) der Sozialisierung des digitalen Lernraumes gegenüber" (Kerres 2016, S. 41). Digitale Medien halten verstärkt Einzug in traditionelles Lehren und Lernen in zeitlich und örtlich gebundener Präsenz ein und das Lehren und Lernen im Internet wird parallel dazu sozialer und kommunikativer. Beide Entwicklungen vollziehen sich parallel zueinander und laufen aufeinander zu; dies wird als *Seamless Learning* (Looi et a. 2019) bezeichnet.

Das Seamless Learning hat zwei Wurzeln, die eine stammt aus dem Bereich der Hochschulbildung und die andere aus dem Bereich des technologiegestützten, insbesondere mobilen Lernens. Heute gewinnt Seamless Learning auch für den quartären Bildungssektor zunehmend an Bedeutung.

„Seamless learning has continued to show its strong potential and promise, and gradually become a mature line of research and practice. (...) it is further affirmative that seamless learning is much more than a special form of any other learning method. It is indeed a learning approach at its own right and with its own niche – with 'bridging of cross-space learning efforts' as the defining feature. (...) seamless learning is an ever evolving landscape that needs to be constantly refined, re-interpreted and re-contextualized – so are lives, and the lifelong learning experiences of seamless learners" (Wong 2015, S. 34).

Mit der Digitalisierung ist ein grundlegender Wandel in der Arbeits- und Organisationsstruktur verbunden (Egetenmeyer et al. 2020, S.30); dieser hat Auswirkungen auf die gesellschaftliche Bedeutungs- und Werteproduktion (Robak 2020, S. 45). Mediatisierungsprozesse, die auf digitaler Technik beruhen, führen zu einem Wandel sozialer Situationen (Krotz 2016, S. 20).

Die grundlegenden Veränderungen machen es verständlich, warum zum Teil eine Ambivalenz – die uns bereits aus früheren historischen Phasen bekannt ist (Kap. 1.2) – gegenüber digitalen Medien in der Erwachsenenbildung anzutreffen ist. Das Spektrum der Einstellungen reicht dabei von Kulturpessimismus bis Technik-euphorie.

Die Digitalisierung erfordert nicht nur veränderte technologische und finanzielle Rahmenbedingungen, sondern auch eine veränderte Unternehmenskultur und veränderte personelle Ressourcen wie im „Manifest zur digitalen Transformation von Volkshochschulen" konstatiert wird (Deutscher Volkshochschul-Verband 2019). Die Digitalisierung bezieht sich auf den gesamten Bildungsprozess. Deshalb ist bei strategischen Überlegungen zur Digitalisierung in der Erwachsenen- und Weiterbildung der gesamte Bildungsprozess mit all seinen Ebenen vom gesellschaftlichen und institutionellen Kontext, über die Programme und Angebote bis hin zum Personal und den Teilnehmenden einzubeziehen. Für diese, verschiedene Aspekte integrierende Sicht- und Handlungsweise, verwenden Scharnberg & Waffner (2020, S. 8)

ISÖ
Institut für
Sozialökologie

den Begriff der *Medienintegration*: „Weder die Verfügbarkeit von Technik noch pädagogische Kompetenz allein haben die Kraft, Bildung in einer digitalen Welt zu gestalten. Auch verlieren Vorgaben der Leitungen ihre Wirkung, wenn sie nicht an eine gelebte Praxis geknüpft werden. Erst im Zusammenspiel von Didaktik, Technik und strategischer Steuerung findet Medienintegration statt und können neue pädagogische Lernszenarien entwickelt werden" (ebd.) (Abb. 4).

Abbildung 4: Handlungslinien der Medienintegration

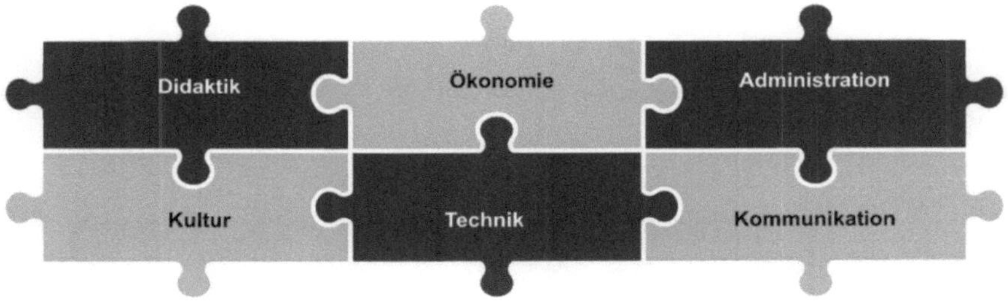

Quelle: Scharnberg & Waffner 2020, S. 23

Um erfolgreich mit den Herausforderungen der Digitalisierung bei einer gleichzeitig erlebten Beschleunigung von disruptiven Veränderungen (Mutius 2017) in der VUKA-Welt umgehen zu können, sind Organisationen auf individueller, Team- und Führungsebene herausgefordert, sich kontinuierlich selbst zu erneuern.

Ausgehend von Megatrends der Beschleunigung, Digitalisierung und Globalisierung beschäftigt sich Gergs (2016) mit den gegenwärtig anzutreffenden Typen von Veränderung in der Organisationswelt, um anschließend Prinzipien einer kontinuierlichen Selbststeuerung zu entwickeln. Gergs differenziert zunächst zwei Achsen des Wandels. Auf der ersten wird, unter Rückgriff auf Gedanken von Watzlawick et al. (2020, S. 33ff.), zwischen einem Wandel der ersten und zweiten Ordnung unterschieden. Mit dem Wandel erster Ordnung werden Veränderungen innerhalb eines selbst invariant bleibenden Systems bezeichnet. Der Referenzrahmen bleibt hier konstant, es findet kein grundsätzlicher Paradigmenwechsel statt, die Veränderungen beschränken sich auf einzelne Aspekte und sind eher quantitativer Art. Dem-gegenüber ist der Wandel zweiter Art ein qualitativer, paradigmatischer, der die ge-samte Organisation betrifft und die Frage nach einer neuen Identität stellt. Die Un-terscheidung zwischen episodischem und kontinuierlichem Wandel in der zweiten Dimension geht auf Porras & Silvers (1991) zurück. Der episodische Wandel be-schreibt zeitlich begrenzte Veränderungsprozesse, die bewusst initiiert werden und eine bewusste Ausnahme darstellen. Der kontinuierliche Wandel vollzieht sich da-gegen als kaum merklicher, emergenter Prozess in den alltäglichen Abläufen der Organisation. Aufgrund der beiden skizzierten Dimensionen ergeben sich vier Ide-altypen von Veränderungsprozessen (siehe Abb. 5).

Abbildung 5: Die vier Typen der Veränderung

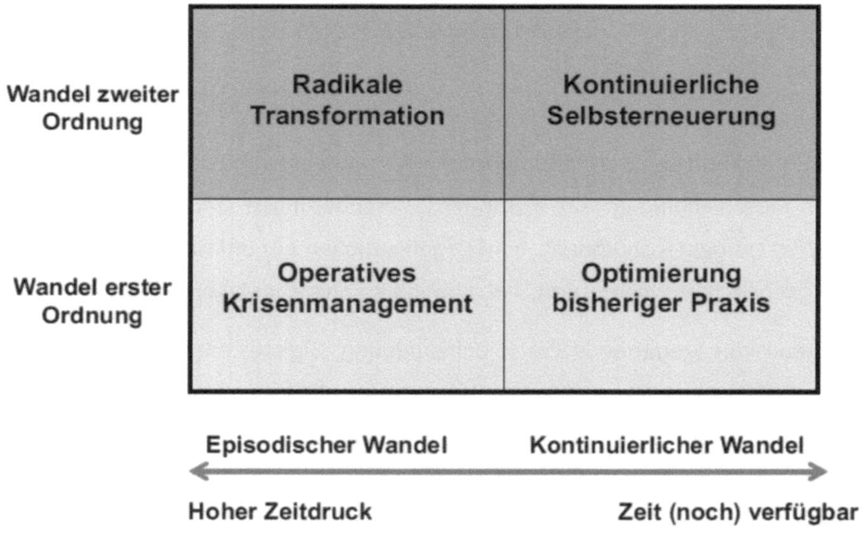

	Episodischer Wandel	Kontinuierlicher Wandel
Wandel zweiter Ordnung	Radikale Transformation	Kontinuierliche Selbsterneuerung
Wandel erster Ordnung	Operatives Krisenmanagement	Optimierung bisheriger Praxis

Episodischer Wandel ← → Kontinuierlicher Wandel

Hoher Zeitdruck · Zeit (noch) verfügbar

Quelle: Eigene Darstellung nach Gergs, 2016, S. 34

Angesichts der disruptiven Veränderungen, die Erwachsenen- und Weiterbildungs-institutionen derzeit in der Corona-Krise erleben, besteht die Herausforderung da-rin, Verbindung zu den Teilnehmenden und Teilhabenden zu halten, deren Teilhabechancen unter den veränderten Bedingungen zu sichern und gleichzeitig die eigenen Organisationen umzubauen. Dass dies nicht immer einfach ist, versteht sich von selbst. Umso wichtiger ist es, einen klaren Kompass für die anstehenden Aufgaben zu haben, den die eigene Strategie vorgeben kann.

1.4 Das Mehrebenenmodell der Digitalisierung

Die Gliederung des Textes in diesem Abschnitt orientiert sich am Mehrebenenmodell der Digitalisierung in der Erwachsenen- und Weiterbildung (Egetenmeyer & Grafe 2017, S. 7). Zunächst wird auf den gesellschaftlichen Kontext (1.4.1) eingegangen; der institutionelle (Dachorganisationen) und organisationale Kontext (Ebene der Einrichtungen) werden zusammen behandelt (1.4.2). Nach der Beschäftigung mit der Programmplanung und der Angebotsgestaltung (1.4.3) rundet die Auseinandersetzung mit dem Weiterbildungspersonal (1.4.4) und den Teilnehmenden bzw. Teilhabenden (1.4.5) die Analyse ab.

1.4.1 Neues Lernen in der VUKA-Welt – der gesellschaftliche Kontext

New Learning, so heißt es im Hagener Manifest „Lernen neu Denken" (FernUniversität Hagen 2020) ist „kooperativ, situiert, kompetenzorientiert und datenintelligent". Wie Studien des Schweizerischen Verbands für Weiterbildung (SVEB) zusammen mit der PH Zürich (Sgier et al. 2018), der Bertelsmann-Stiftung (Schmid et al. 2018) sowie des Wuppertaler Kreises (2019) zeigen, wird digitalen Medien von den Weiterbildungseinrichtungen zwar eine hohe strategische Relevanz zugeschrieben, die Potenziale wurden bis zur Coronakrise aber nur begrenzt genutzt. Auf der einen Seite sind Lern-Management-Systeme (LMS) wie bspw. Moodle, Ilias oder BSCW bzw. Learning Experience Plattformen (LXP)[12] das Resultat der Digitalisierung von traditionellen Bildungssettings; auf der anderen Seite sind Personal

---

[12] „Eine Learning Experience Plattform (LXP) ist eine lernerzentrierte Software, die dazu gedacht ist, personalisiertere Lernerlebnisse zu schaffen und Nutzern beim Entdecken neuer Lernmöglichkeiten zu helfen. Sie nutzt die Kombination von Lerninhalten aus verschiedenen Quellen, Empfehlungen und Bereitstellung mithilfe künstlicher Intelligenz und über alle digitalen Touchpoints hinweg, z.B. als Desktop-Applikation, mobile App und mehr (...).

LMSs helfen Unternehmen, die Lernbedarfe ihrer Mitarbeiter zu organisieren und zu verwalten. Sie tun das, indem sie Lerninhalte für die Nutzer zur Verfügung stellen und dann den Konsum des Inhalts tracken und verwalten.

Im Gegensatz dazu agieren LXPs als Wissens-Enabler, die Plattformnutzern eine personalisiertere Erfahrung bieten. Während LMSs den Mitarbeitern helfen, relevante Inhalte in ihren Datenbanken zu finden, helfen LXPs dabei, noch tiefergehende Inhalte zu entdecken,

ISÖ
Institut für
Sozialökologie

Learning Environments (PLE)[13] das Resultat der Digitalisierung von sozialen Beziehungen (Wampfler et al. 2019). Wie beide bzw. alle drei sinnvoll aufeinander bezogen und in Bildungsprozessen miteinander verbunden werden können, ist vor dem Hintergrund, dass Individuen für sich selbst andere Werkzeuge nutzen als die, auf die Unternehmen für die Entwicklung ihres Personals setzen (Hart 2019, S. 10), derzeit weitgehend eine noch offene Frage.

Um besser verstehen zu können, was die VUKA-Welt von der „alten Welt" unterscheidet, hilft die sog. Stacey-Matrix (Abb. 6); ihr Namensgeber ist der britische Wissenschaftler Ralph Douglas Stacey (2007).

Der Begriff der "Matrix" ist nicht präzise, da es sich eher um ein Koordinatensystem handelt. „Auf dessen Ordinate wird aufgetragen, wie unklar das Projektziel beschrieben ist, d.h. wie groß die Unsicherheit über die Anforderungen ist. Auf der Abszisse wird die Unklarheit über den Lösungsansatz aufgetragen, d.h. wie unbekannt das Vorgehen ist, um das Projektziel zu erreichen. Entlang der Winkelhalbierenden wird dann der Charakter des Projekts von einfach (klares Ziel und klarer Lösungsansatz) über kompliziert und komplex bis hin zu chaotisch (sowohl Ziel als auch Vorgehen sind unbekannt) aufgetragen" (Angermeier 2018). Entlang dieser Skala beschreiben die Begriffe „traditionell" vs. „agil" den Führungsstil bzw. die Projektmanagement-Methodik.

---

und das aus einer breiteren Vielfalt von Quellen. Und wenn sie mit Data Analytics-Engines integriert werden, können LXPs bedeutende Einblicke in Schlüsselkennzahlen bieten, darunter ROI, Geschäftsergebnisse und Verknüpfungen zwischen Lernen und Arbeitsleistung (On-Job Performance)." (Quelle: https://www.valamis.com/de/hub/was-ist-eine-lxp)

Tendenziell werden – so die Einschätzung vieler ExpertInnen – die Unterschiede zwischen LMS und LXP zukünftig eine geringere Bedeutung haben; es zeichnet sich eine Konvergenz ab, eine Annäherung beider Plattformtypen, ein selbstbestimmtes Lernen in LXP-Manier sowie die gesteuerte Learning Journey, wie sie über eine LMS ermöglicht wird.

[13] Eine PLE kann im Sinne einer offenen Werkzeugsammlung eines Lernenden verstanden werden; während ein LMS verschiedene Werkzeuge in ein zentrales System integriert.

ISÖ
Institut für
Sozialökologie

Abbildung 6: Stacey-Matrix

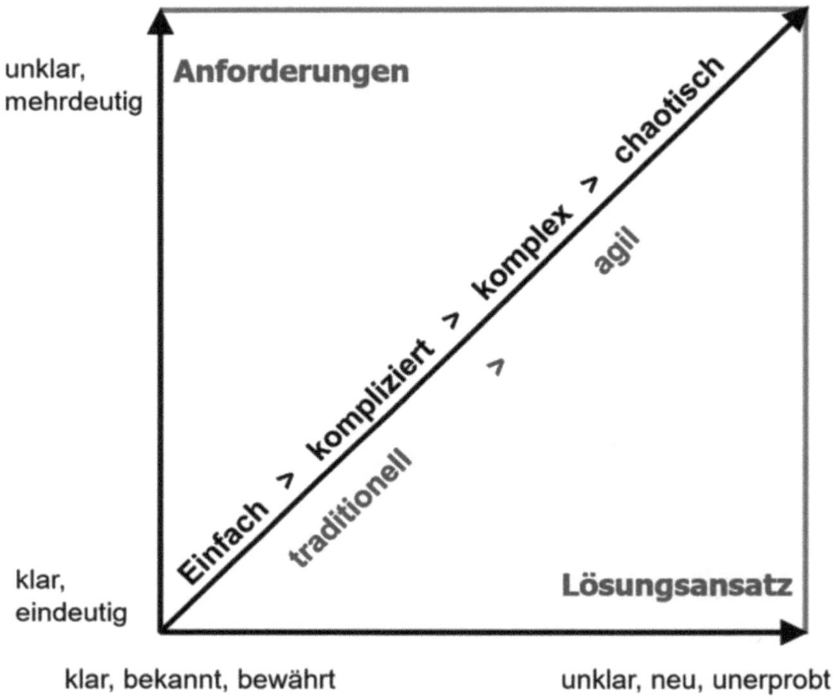

Quelle: Angermeier 2018

In den letzten Jahren hat sich die Dringlichkeit selbstorganisierten Lernens aufgrund der Herausforderungen der VUKA-Welt (Ehmer et al. 2016, S. 26f.) massiv erhöht. Das Akronym VUKA soll zum Ausdruck bringen, dass wir heute in einer Welt leben, die durch die Volatilität in der Art und Intensität der Veränderungen, der Unsicherheit in der prognostizierbaren Vorhersehbarkeit von Ereignissen, der Komplexität der Interdependenzen von Ereignissen und Handlungen sowie der Ambiguität in der Mehrdeutigkeit der Faktenlage gekennzeichnet ist. Angesichts einer solchen Arbeitswelt kommt es sowohl innerhalb als auch außerhalb der Unternehmen und Organisationen zu einer Komplexitätszunahme bei gleichzeitiger Beschleunigung von Veränderungsprozessen.

ISÖ
Institut für
Sozialökologie

Bezogen auf die aktuell zu bewältigenden gesellschaftlichen Herausforderungen fällt ins Auge, dass das schon seit Jahrzehnten postulierte Prinzip des lebenslangen Lernens endlich für breite Schichten der Bevölkerung zur gesellschaftlichen Realität wird: „In einer digitalisierten Welt sind Veränderungen der Normalfall und erfordern nicht nur im beruflichen Bereich ein permanentes Weiterlernen" (Thissen 2017, S. 3).

„Beim selbstorganisierten Lernen handelt es sich um Prozesse, bei denen die Lernenden selbst die Initiative ergreifen, ihre Lernbedürfnisse artikulieren, daraus Lernerwartungen und Lernziele ableiten, die notwendigen Ressourcen organisieren, Lernstrategien auswählen, die Lernformen aushandeln und den Lernprozess selbst evaluieren" (Bürgisser 2006, S. 567).

Wie die 2019 in Washington stattgefundene Konferenz der Association for Talent Development zeigt, geht der Trend zum selbstorganisierten Arbeiten und kollaborativen Lernen (Schwuchow 2019). Heute setzt sich zunehmend die Erkenntnis durch, dass es darauf ankommt, Lernen und Arbeiten enger miteinander zu verknüpfen und Lernen in den Arbeitsalltag zu integrieren. Für den Wissens- und Kompetenzerwerb gilt das 70:20:10 Modell; dieses basiert auf den Ergebnissen der Untersuchungen von Lombardo & Eichinger (1996). Demzufolge findet Lernen zu 70% in Form von Workplace Learning, zu 20% durch soziales Lernen im Austausch und zu 10% durch formales und nicht-formales Lernen statt.

Analog zu den drei Arten des Lernens unterscheidet Sauter (2017) drei Stufen der Kompetenzentwicklung, die auf der Praxisstufe, der Coachingstufe sowie der Trainingsstufe. Allen drei Arten des Lernens ist gemeinsam, dass ein Wissenserwerb auf Vorrat heute nur noch wenig Sinn macht, weil er nicht zeitnah umgesetzt werden kann. Benötigt wird immer mehr ein Wissen just-in-time, was zu einem Lernen auf Abruf, dem sog. Learning on demand führt.

Was unter neuem Lernen verstanden werden kann, skizziert die Haufe Akademie (2019) in dem Whitepaper „Megatrend Neues Lernen". Neues Lernen zeichnet sich demnach durch die ganzheitliche Betrachtung dreier Dimensionen aus. Dies sind die Mitarbeitenden, die Organisation und das Arbeitsumfeld (Abb. 7). Das Ziel der Weiterbildung wird darin gesehen, sowohl für künftige Aufgaben als auch für den aktuellen Bedarf fit zu machen und zwar gleichermaßen auf individueller und organisatorischer Ebene. Als Erfolgsbedingung für eine ganzheitliche Weiterbildungsstrategie wird angesehen, dass es gelingt, eine Unternehmens- und Lernkultur zu etablieren, in der Lernen zu einer akzeptierten Selbstverständlichkeit der Arbeit wird, indem diese lernförderlich gestaltet wird.

Abbildung 7: Der 3D-Ansatz des neuen Lernens

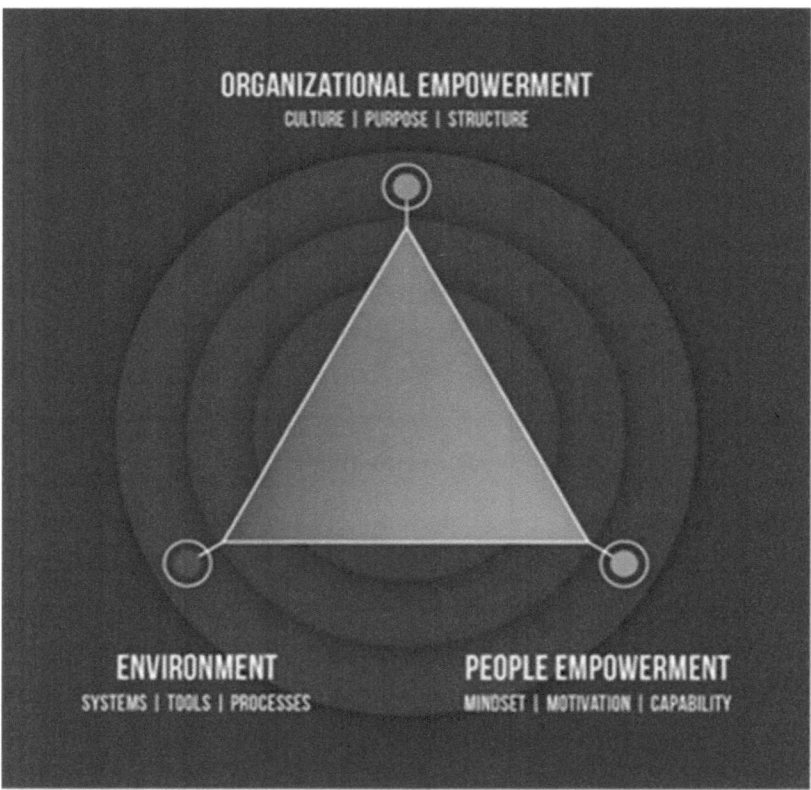

Quelle: Haufe Akademie 2019, S. 5

ISÖ
Institut für
Sozialökologie

Da diese Kulturveränderung strukturelle Rahmenbedingungen erfordert, ist es erstens wichtig, dass identifizierte Zugangsbarrieren beseitigt und gleichzeitig ein Angebot von analogen und digitalen Plattformen für den Austausch im arbeitsintegrierten Lernen geschaffen werden. Zweitens gilt es eine professionelle Lernbegleitung in Form eines optionalen Unterstützungssystems für Individuen und Teams vorzuhalten. Drittens bedarf es der Aufklärung über die Möglichkeiten agiler Lernformate wie bspw. die kollegiale Fallberatung, Rotation Days, FedEx Days etc. Viertens ist die Vorbildfunktion von Leitungs- und Führungskräften von zentraler Bedeutung, wenn es darum geht, Modelle für Lernen zu präsentieren. Lernen am Arbeitsplatz erfordert, dass „immer wieder neue Erfahrungen gemacht werden können" (Böhle et al. 2019, S. 39). Zur Kulturveränderung gehört deshalb der Umgang mit Fehlern, die als Lernchance begriffen werden.

Neues Lernen zeichnet sich insbesondere durch seine agilen Lehr-Lern-Formate aus. Diese orientieren sich mehr an Lernbedarfen als an vorgegebenen Lernzielen. Um Lernformate zu systematisieren, bietet sich eine Differenzierung anhand der folgenden beiden Polaritäten an:

- selbstgesteuert vs. geleitet (bzw. gesteuert) und

- formal vs. informell (Sammet & Wolf 2019, S. 9f.).

In Lehr-Lern-Prozessen sind die beiden Merkmale häufig unterschiedlich kombiniert. Dabei können diese sowohl analog wie digital sein:

„Formal-gesteuerte Formate wie Online- und Face-to-Face-Trainingseinheiten." Die Lernenden probieren unter der Leitung einer Trainerin/eines Trainers in einem geschützten Raum Neues aus und bekommen Feedback.

„Formal-selbstgesteuerte Formate wie Lernvideos, Webbased Trainings oder Online-Kurse eigenen sich hervorragend für das Lernen von Faktenwissen." Die Lernenden folgen einem Lernprogramm, organisieren ihren Lernprozess aber selbst.

Formate wie Serious Game, oder Augmented Reality gehören ebenfalls in diese Gruppe.

„Informell-gesteuerte Formate für strukturierten Erfahrungsaustausch, etwa Barcamps oder Kollegiale Beratung." Der Austausch ist geleitet; die Verantwortung für das Lernen liegt aber bei den Lernenden selbst. Dazu zählen auch Formate wie Q&A Sessions oder Daily Feedbacks.

„Informell-selbstgesteuerte Formate, etwa der Austausch in Netzwerken, Communities of Practice oder das eigenständige Suchen von Informationen via Internet" (Sammet 2020) (Abb. 8).

Abbildung 8: Lernformate

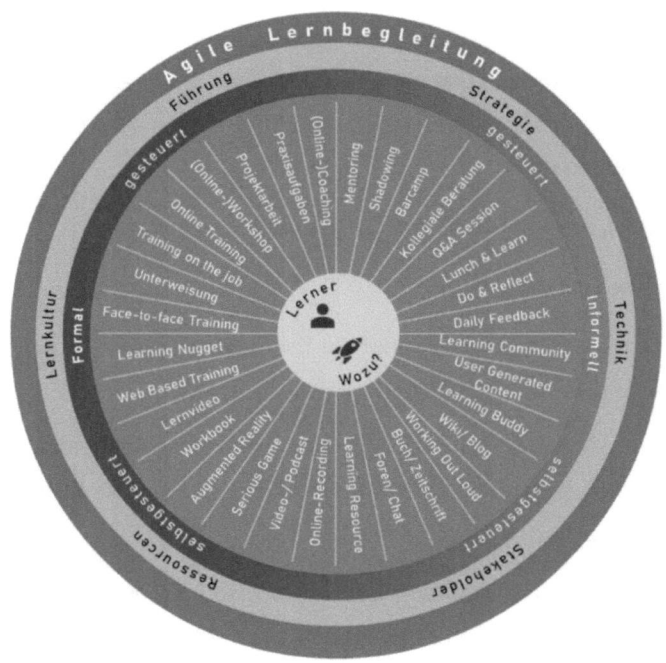

Quelle: Sammet 2020

Unabhängig von den gewählten Lernformaten ist es wichtig, dass LernbegleiterInnen ganz im Sinne der Erkenntnisse der Neurobiologie in der Lage sind, die Lernenden einzuladen, zu inspirieren und zu ermutigen (Hüther 2015, S. 16), durch entsprechende Lernsettings das Lernen zu ermöglichen und den Lernenden die Chance zu geben, „etwas in sich selbst zu entdecken" (Hartkemeyer et al. 2015, S. 95).

Welche Aufgaben von den agilen LernbegleiterInnen eines neuen Lernens im Detail zu bewältigen sind, hierfür bietet der Kompetenzradar Orientierung (Abb. 9).

Abbildung 9: Kompetenzradar für agile Lernbegleitung

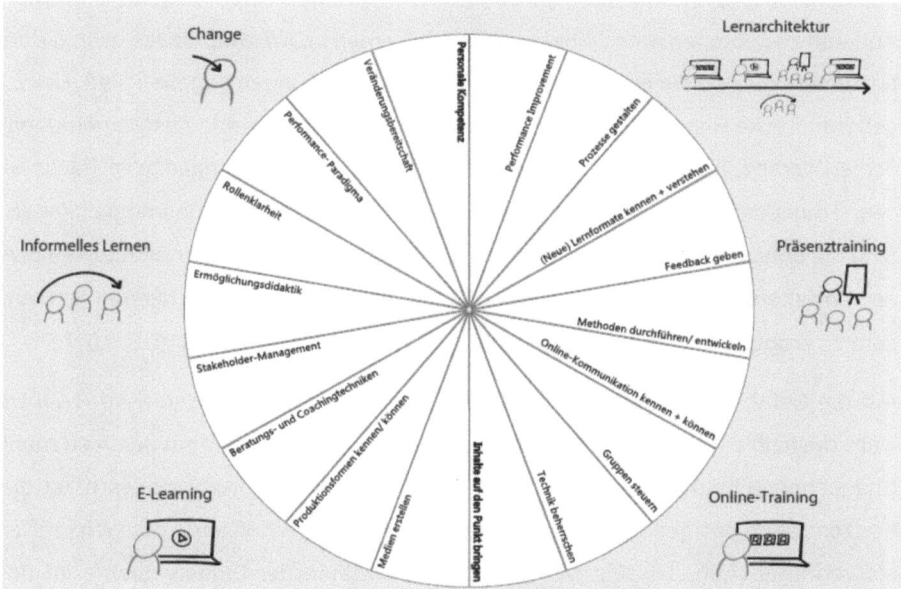

Quelle: Sammet & Wolf 2019, S. 130

Um die Ziele eines ganzheitlichen Ansatzes von neuem Lernen in den Unternehmen und Organisationen umzusetzen, ist die Personalentwicklung gefordert. Entsprechende Hinweise liefert die Studie „Workplace Learning Report 2019" (LinkedIn 2019). Demnach spielt die Personalentwicklung zunehmend eine strategische

ISÖ
Institut für
Sozialökologie

Rolle in den Unternehmen. Aufgrund größerer Spielräume bei Budget und Personal, einhergehend mit einer hohen Wertschätzung für das Lernen im Unternehmen, geben 82 Prozent der Befragten an, dass die Führungskräfte in ihrem Unternehmen die Mitarbeitenden aktiv dabei unterstützen, sich weiterzubilden. Dabei ist es wichtig, „im Sinne der Ermöglichungsdidaktik bedarfsgerechte Ermöglichungsrahmen für die selbstorganisierte Kompetenzentwicklung" (Sauter 2017, S. 14) aller Mitarbeitenden zu schaffen.

In der VUKA-Welt, mit ihren zunehmend liquiden Organisationen (Beisner & Häfelinger 2016) kommt es mehr als jemals zuvor darauf an, Arbeiten, Lernen und Führung passungsbezogen, kontextgeeignet und zukunftsorientiert im Dialog mit relevanten Anderen zu gestalten. Das selbstorganisierte Lernen im Arbeitsprozess gelingt dort besonders gut, wo die entsprechenden Rahmenbedingungen gegeben sind. Hierzu gehören flache Hierarchien, vertrauensvolle und wertschätzende Zusammenarbeit, Fehlertoleranz, Freiräume für Entwicklungen, personelle und finanzielle Ressourcen, Transparenz, Partizipation sowie vielfältige Kommunikationsmöglichkeiten. Sind die entsprechenden Voraussetzungen geschaffen, kann sich co-kreatives Lernen entfalten, das die Bedingungen dafür schafft „Zukunftsmöglichkeiten gemeinsam zu erspüren und in die Wirklichkeit zu bringen" (Scharmer, 2019, S. 157f.).

Auf die Gefahr einer digitalen Spaltung wurde bereits hingewiesen (Kap. 1.2). Es wäre deshalb ein Irrtum zu glauben, dass die Digitalisierung automatisch zu mehr Chancengerechtigkeit führt. Wie Andree & Thomsen (2020) konstatieren, ist die Konzentration des gesamten Traffic auf nur sehr wenige Konzerne deutlich größer als vermutet (Abb. 10). Ein Dossier über „Aktivitäten der Digitalindustrie im Bildungsbereich", in dem die Aktivitäten der IT-Großkonzerne Apple, Microsoft, Google, Samsung Electronics sowie des Interessenverbandes Bitkom (Deutschland) dargestellt werden, hat die Gewerkschaft Erziehung und Wissenschaft (GEW 2019) vorgelegt.

ISÖ
Institut für
Sozialökologie

Auch die sozialen Medien sind hinsichtlich ihrer sozialen Wirkungen zunehmend kritischer zu beurteilen (vergleiche hierzu auch den Film „Das Dilemma mit den sozialen Medien" (https://www.netflix.com/de/title/81254224).

Abbildung 10: Facebook-Konzern: Netzwerkanalyse

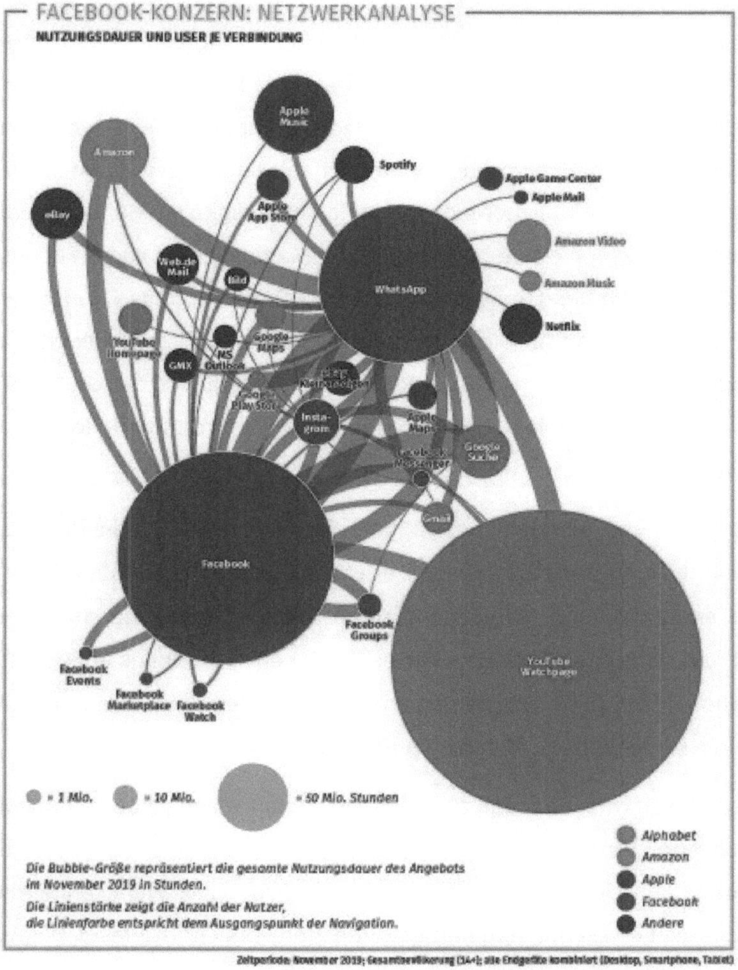

Quelle: Andree & Thomsen 2020, zit. nach Lindemann 2020

ISÖ
Institut für
Sozialökologie

Der World Development Report der Weltbank mit dem Titel „Digital Dividends" (International Bank for Reconstruction and Development & The World Bank 2016) weist zutreffend darauf hin, dass digitale Technologien nur dann eine positive Wirkung entfalten können, wenn die anlogen Rahmenbedingungen stimmen und alle gesellschaftlichen Gruppen von den technologischen Errungenschaften profitieren.

Open Educational Resources (OER) sollten in der Bildung ihren festen Platz haben; als Teil von digitalen Bildungsplattformen, beim Lernen in Fort- und Weiterbildung, im digitalen Unterricht und beim Erwerb von Medienkompetenzen. Die „digitalen Bildungsmedien müssen natürlich in geeigneten Infrastrukturen bereitgestellt werden, u.a. auch in einem auf Kollaboration ausgerichteten digitalen Marktplatz, auf dem sich unterschiedliche Akteure gegenseitig mit Materialien versorgen können (...) Darüber hinaus bietet die gemeinschaftliche OER-Produktion die Chance, Lernenden mehr Verantwortung für die Gestaltung des eigenen Wissenserwerbs zu übertragen und damit ihre Selbstständigkeit zu fördern. Damit wird der Grundstein für das lebenslange Lernen gelegt, das u.a. Eigeninitiative fordert und die digitale Bildungsschere schließen kann." (DIPF 2020).

Offene Angebote im Netz führen nicht zwangsläufig dazu, dass sich die Bildungsbeteiligung erhöht; es verstärkt im Gegenteil eher bestehende Disparitäten. Daraus resultiert die Herausforderung, „wie Zugang durch Teilhabe an Bildung im Internet sichergestellt bzw. verbreitert (Heinen & Kerres 2015; Kerres & Buntins 2020, S. 19) und eine zunehmende Kommerzialisierung von Lebenswelten sowie Bildungsorten in den Strukturen eines digitalen Kapitalismus verhindert werden kann.

Gesellschaftspolitisch wird die Frage zu beantworten sein, ob entweder ein Ansatz von *"open education"*, der Bildung als öffentliches Gut versteht und Lernen als Partizipation in einer Kultur des Teilens präferiert, oder ob Bildung als Ware verstanden wird, die reguliertes Lernen mit vorgefertigten Inhalten vorsieht (Kerres & Buntins 2020, S. 19). In welche Richtung das Pendel ausschlagen wird, hängt von politischen Aushandlungs- und Willensbildungsprozessen ab. Deshalb ist es notwendig,

ISÖ
Institut für
Sozialökologie

einen Diskus „über Leitbilder der künftigen gesellschaftlichen, wirtschaftlichen und medialen Entwicklung" (Niesyto 2021, S. 23) zu führen.

Die Fraunhofer Academy (2017) hat mit vier möglichen Szenarien von Zukunftsbildern der Weiterbildung im Jahre 2026 eine Antwort auf die noch offene Frage gegeben. Ein erstes Szenario wird als *„Weiterbildungs-Netflix"* gekennzeichnet: Weiterbildung findet hier on demand und in Form von situativem Lernen, unterstützt durch eine zentrale, cloudbasierte Plattform für Lerninhalte, statt. In dem zweiten Szenario *„New Modern Times"* sind die Unternehmen die zentralen Weiterbildungsakteure; die Weiterbildung ist hier hauptsächlich Bestandteil des Arbeitsverhältnisses und die Weiterbildungsformen und -inhalte werden durch die Anforderungen der Arbeitsplätze definiert. Im dritten Szenario nehmen die Lernenden ihre (Weiter) Bildung selbst in die Hand; sie beteiligen sich an einer Crowd Education und generieren eine *„Connective Learning Community"*, gestützt auf Lernlabore, die einen freien Zugang zu Lerninhalten (Open-Source-Modell) bereitstellen. Im vierten Szenario ist der *„Fürsorgliche Vater Staat"* mit seinen staatlichen Weiterbildungseinrichtungen und Hochschulen der zentrale Akteur; Unternehmen und kommerzielle Anbieter spielen hier nur eine untergeordnete Rolle. Die Fraunhofer Academy selbst hält eine Mischung aus den entworfenen Szenarien für wahrscheinlich.

Die digitale Spaltung hat auch einen institutionellen Aspekt, der sich auf die Förderpolitik bezieht. Bereits im Jahre 2015 haben sechs führende Bundesverbände der Weiterbildung in einer gemeinsamen Erklärung die Zielsetzungen der „Digitalen Agenda" der Bundesregierung (2014) begrüßt, gleichzeitig aber auch beklagt, dass im Unterschied zu den Förderprogrammen in den anderen Bildungssektoren eine explizite Förderung der digitalen Entwicklung in der Weiterbildung bisher nicht stattfand (Bundesarbeitskreis Arbeit und Leben et al. 2015). Der Deutsche Volkshochschul-Verband (2015), der auch zu den Unterzeichnern gehört, hat in einer eigenen Resolution darauf hingewiesen, dass „zeitlich und örtlich flexibel einsetzbare digitale Lernarrangements (...) unverzichtbarer Bestandteil im Angebotsportfolio der gemeinwohlorientierten Weiterbildung werden" müssen. Begründet wird dies insbesondere damit, dass auf diese Weise bisher schwer zu erreichende Menschen und Zielgruppen, die aufgrund ihrer Lebens- und Erwerbssituation nicht oder nur schwer an herkömmlichen Präsenzangeboten teilnehmen können, so die Partizipation an Weiterbildungsangeboten ermöglicht werden soll.

1.4.2 Vom Emergency-Remote-Modus zur Digitalisierungsstrategie - der institutionelle und organisationale Kontext

Trotz des Digitalisierungsschubes infolge der Herausforderungen durch die Corona-Krise bildet sich das Feld der Anbieter und Dienstleister für rein virtuelle Weiterbildungsangebote gerade erst heraus; einige Player haben sich dort schon eine gute Ausgangsposition verschafft. Hierzu zählen u. a. die Pink University im Bereich der beruflichen Weiterbildung, die sich seit der Covid-19-Pandemie auf einem expansiven Internationalisierungskurs befindet, Babbel als Marktführer in der Sprachenbildung, der kalifornische Weltmarktführer Coursera für Seminare aller Art, die E-Learning-Plattform Udacity, die gemeinsam mit Technologieunternehmen Online-Weiterbildungskurse entwickelt und sog. Nanodegrees anbietet, die Vernetzungsplattform Iversity sowie die Bertelsmann Education Group, zu der neben Udacity u. a. der Online-Bildungsanbieter Relias Learning sowie der Online-Bildungsdienstleister HotChalk gehören.

Gegenüber den genannten Spezialisten ist die gegenwärtige Realität der traditionellen Weiterbildungseinrichtungen mit ihrem regionalen Aktionsradius überwiegend noch stärker in traditionellen Formen organisiert. Gleichzeitig steigt das Interesse an Fernunterricht und Fernstudium (Fogolin 2020, 2021). Nicht akademische und hochschulische Bildungsangebote in Form von Distance Learning bieten ein etabliertes Format, um Weiterbildung mit Erwerbstätigkeit, familiären Verpflichtungen oder Einschränkungen in der Mobilität vereinbaren zu können.

Es gibt auch mediale Lernportale, wie z. B. das vhs-Lernportal; es ist das kostenfreie digitale Lernangebot des Deutschen Volkshochschul-Verbands e.V. (DVV) für

Deutsch als Zweitsprache, für Alphabetisierung und Grundbildung. Wie die Bundesregierung im April 2021 verkündet hat, plant sie den Aufbau einer nationalen Bildungsplattform als Teil einer digitalen Serviceinfrastruktur. Es sollen bestehende und neue digitale Bildungsplattformen zu einem bundesweiten und europäisch anschlussfähigen Plattform-System verknüpft werden. Auf diese Weise soll eine Infrastruktur entstehen, über die bildungsbereichsübergreifend digital gestützte Bildungsinhalte zugänglich und vernetzt werden. Die nationale Bildungsplattform soll im Jahre 2023 an den Start gehen.

Eine im September 2020 veröffentlichte Befragung des Instituts für Arbeitsmarkt- und Berufsforschung zur betrieblichen Weiterbildung in der Covid-19-Pandemie (Bellmann et al. 2020) kommt zu dem Ergebnis, dass 44 Prozent der weiterbildenden Betriebe E-Learning während der Krise deutlich stärker genutzt haben als vor der Krise. Ein „gutes Drittel hat diese Lernform in der Krise neu eingeführt. Bei jedem fünften Betrieb ist das Niveau des E-Learnings im Vergleich zu der Zeit vor der Krise in etwa gleichgeblieben" (S. 3f.). 44 Prozent haben die Möglichkeiten des E-Learnings, die sie vor der Corona-Krise schon nutzen, ausgebaut. Von den 21 Prozent der Betriebe, die von Ende Oktober bis Anfang November 2020 in Kurzarbeit waren, gab nur jeder zehnte an, die ausgefallene Arbeitszeit für Weiterbildungszwecke zu nutzen (ebd., S. 7).

Wurden vor Beginn der Corona-Pandemie nur 35 Prozent aller Qualifizierungsmaßnahmen von Wirtschaftsunternehmen in Deutschland digital angeboten; sind es im Sommer 2020 bereits 54 Prozent. Während bei 21 Prozent der Befragten in der ersten Phase der Corona-Krise das Weiterbildungsbudget sank, stagnierte es bei 49 Prozent lediglich. Allerdings ist der Anteil an Weiterbildungen im Bereich der digitalen Schlüsselqualifikationen seit März 2020 um 75 Prozent gestiegen. Zu diesen Ergebnissen kommt eine im August 2020 im Auftrag des Stifterverbandes für die Deutsche Wissenschaft e.V. in Zusammenarbeit mit McKinsey & Company, Inc. durchgeführte Onlineumfrage zum Thema Qualifizierungsmaßnahmen an der sich mehr als 550 Unternehmen mit mindestens 50 Mitarbeitenden in allen Branchen der deutschen Wirtschaft beteiligt haben (Kirchherr et al. 2021, S. 4).

Was lässt sich über den Einsatz der digitalen Technik auf Organisationsebene von Weiterbildungsanbietern sagen? Aufschlüsse hierzu bieten die Ergebnisse der wbmonitor Umfrage 2019 (Christ et al. 2020) (Abb. 11).

Abbildung 11: Einsatz digitaler Technik auf Organisationsebene

Angebotsvermarktung
- Internetpräsenz mit eigener Website — 97 / 1
- Kursbuchungen über die eigene Website — 64 / 16
- Internetpräsenz in Social Media bzw. Web 2.0 mit eigenen Inhalten — 62 / 16
- Einstellung von Angeboten in Weiterbildungsdatenbanken — 61 / 15
- Versand von Newslettern per E-Mail — 53 / 21
- Werbeanzeigen im Internet — 35 / 18
- Persönliche Weiterbildungsberatung von Interessenten via Chat oder Skype — 13 / 23
- Chatbot — 2 / 14

Mitarbeitende
- Intranet für Mitarbeitende — 59 / 11
- Telearbeit (Home Office) für Angestellte — 43 / 12
- Virtuelle Arbeitstreffen — 35 / 20
- Computer- bzw. webbasierte Weiterbildung der Mitarbeitenden (auch Honorarkräfte) — 31 / 25

Verwaltung
- Automatisierung von Prozessen im Rechnungswesen bzw. in der Buchhaltung — 47 / 22
- Softwaregestütztes Personalmanagement — 29 / 21

Datenanalyse
- Web-Analytics/Web-Controlling — 40 / 21
- Systematische Auswertung von Kunden- bzw. Teilnehmerdaten — 33 / 27

Prüfung & Evaluation
- Digitale Evaluation der Veranstaltungen — 27 / 34
- Prüfungen/Tests mittels elektronischer Programme — 25 / 21

0 — 20 — 40 — 60 — 80 — 100

Nutzen bzw. haben wir

Aktuell nicht, ist aber geplant

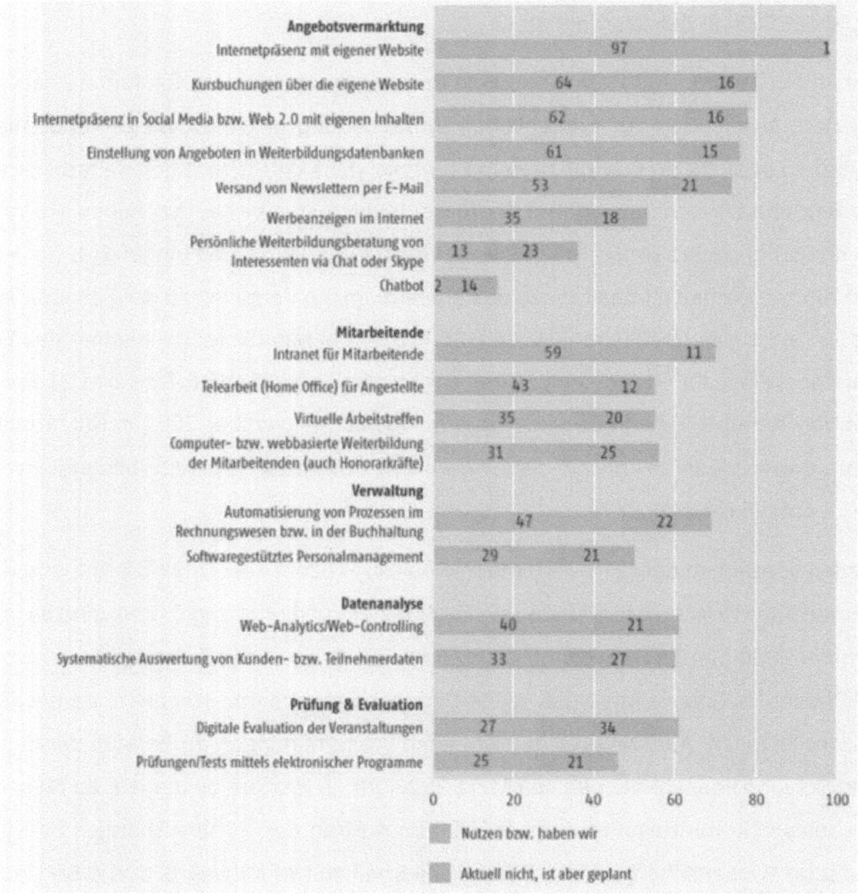

Quelle: Christ et al. 2020, S. 35

Im Bereich der Angebotsvermarktung haben alle Anbieter eine Internetpräsenz mit eigener Webseite; diese erweist sich zur Gewinnung neuer Teilnehmenden bzw. Kunden als zwingend erforderlich, wenngleich die Kursbuchungen über die eigene Webseite lediglich einen Wert von 64% erreichen. Abgesehen vom Intranet werden die anderen abgefragten Einsatzmöglichkeiten digitaler Technik durch die Mitarbeitenden nicht mehrheitlich genutzt. Hinsichtlich der Telearbeit und virtueller Arbeitstreffen dürfte sich dies inzwischen durch die Corona-Pandemie deutlich verändert haben. Im Bereich der Verwaltung praktiziert knapp die Hälfte (47%) der Anbieter automatisierte Prozesse im Rechnungswesen bzw. in der Buchhaltung. Etwas mehr als ein Viertel der Einrichtungen (27%) führt digitale Evaluationen ihrer Veranstaltungen mittels Onlinefragebögen durch. Die relativ höchsten Werte beim Einsatz digitaler Technik weisen Anbieter der wissenschaftlichen Weiterbildung und die wirtschaftsnahen Bildungszentren von Kammern, Innungen und Berufsverbänden auf.

Wie der Blick auf die technische Ausstattung (Abb. 12) zeigt, weist diese noch erhebliche Defizite auf.

Abbildung 12: Technische Ausstattung im Lehr-/Lerngeschehen

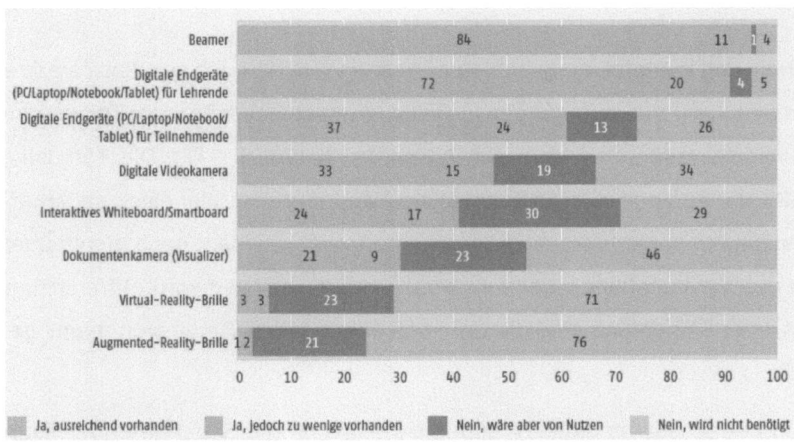

Quelle: Christ et al. 2020, S. 17

Fast alle Einrichtungen verfügen über Beamer (95%) und digitale Endgeräte. Während letztere für Lehrende überwiegend vorhanden sind, ist die Situation bei den Lernenden deutlich schlechter; hier liegt der Ausstattungsgrad deutlich niedriger. Differenziert nach der Art der Einrichtung und des Typs der Hardware gibt es erhebliche Unterschiede der Ausstattung auf die an dieser Stelle nicht näher eingegangen wird.

Eine Grundvoraussetzung für digitales Lernen ist ein dauerhafter Internetzugang in Veranstaltungsräumen (Abb. 13).

Abbildung 13: Dauerhafter Internetzugang in Veranstaltungsräumen

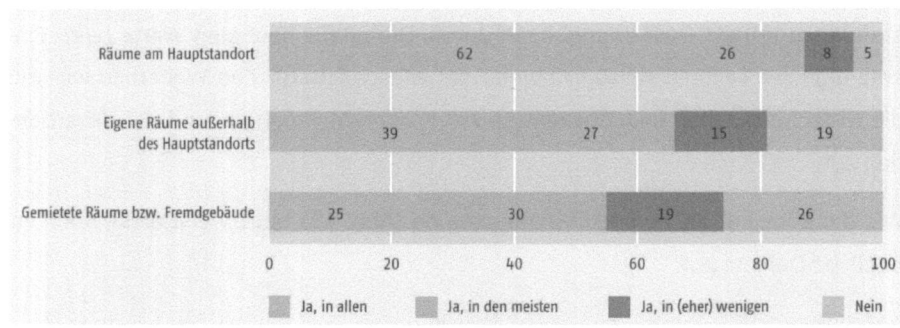

Quelle: Christ et al. 2020, S. 19

Erwachsenen- und Weiterbildungsanbieter zeichnen sich dadurch aus, dass sie ihre Kurse, Seminare und Veranstaltungen in vielen unterschiedlichen, zum Teil gemieteten Räumen durchführen (Lakemann & Schäfer 2017a, S. 117). Die Tatsache, dass ca. 88% der Anbieter in ihren Räumen am Hauptstandort über einen dauerhaften Internetzugang in den Veranstaltungsräumen verfügen, sagt noch nichts über den Anteil des Veranstaltungsvolumens aus, das dort realisiert wird. Differenziert nach der Art der Einrichtung sind die Unterschiede in dieser Dimension relativ gering.

Hinsichtlich des Einsatzes digitaler Bildungsmedien ist die Situation in der deutschen Weiterbildungslandschaft äußerst disparat, und zwar aus den folgenden Gründen:

- Aufgrund der unterschiedlichen strukturellen Gegebenheiten sind die monetären Möglichkeiten der verschiedenen Träger sehr unterschiedlich.

- Auf Seiten der verantwortlichen EntscheiderInnen in den Bildungseinrichtungen und -abteilungen sind eine „fehlende Aufgeschlossenheit (...) bzw. überkommene Lernkulturen, die dem Einsatz von E-Learning nicht förderlich sind", zu nennen (mmb Institut 2015, S. 14).

- Auch Einstellungen und Medienkompetenzen von DozentInnen und TeilnehmerInnen wirken sich auf die Bildungspraxis aus. Aufgrund des relativ geringen Professionalisierungsgrades der Weiterbildung im Vergleich zu anderen Bildungssektoren können bei den Lehrenden nicht immer die notwendigen technischen Medienkompetenzen vorausgesetzt werden; aber auch auf Seiten der TeilnehmerInnen ist die Affinität zu neuen digitalen Lernmedien nicht besonders ausgeprägt.

- In jenen Fällen, in denen auf mediales Lehr- und Lernmaterial zurückgegriffen werden kann, wird dessen häufig unzureichende methodisch-didaktische Aufbereitung beklagt; ist diese gegeben, so wird auf den hohen Aufwand für die ständige Aktualisierung hingewiesen.

- Ein weiteres Hindernis ganz anderer Art bezieht sich auf die Überschätzung der Selbststeuerungskompetenz der erwachsenen LernerInnen sowie das Fehlen von Lernsteuerungsmechanismen bei Online-Lernangeboten (Albrecht und Revermann 2016, S. 158).

Mit dem zuletzt genannten Punkt in Zusammenhang steht die Frage, ob mediale Lernumgebungen eine eigene Web-Didaktik erfordern, wie sie Meder (2006) entwickelt hat. Hierzu existieren kontroverse Auffassungen (Hamadeh 2014; M. Lindner 2014). Es gibt auch keine anerkannte allgemeine eigene Didaktik der Erwachsenenbildung (Meueler 2010), auf deren Basis diese Frage entschieden werden könnte. Bei all den noch nicht geklärten Fragen ist es wichtig, sich deutlich zu machen, dass

ISÖ
Institut für
Sozialökologie

Lernen aus zwei Komponenten – einer *Informations-* und einer *Kommunikations-komponente* – besteht. „Das entscheidende Charakteristikum medialen Lernens (...) ist das Problem der Kombination von Elementen der Informations- und Kommunikationskomponente" (Kerres 2001, S. 45).

Für die betriebliche Weiterbildung lässt sich konstatieren, dass, die „bedeutendsten Formate technologiegestützter Lehr- und Lernarrangements (...) nach wie vor Lernplattformen zur Bereitstellung von Lerninhalten, computer-/webbasierte Selbstlernmodule und Blended Learning" (Albrecht und Revermann 2016, S. 160) sind. E-Learning wird von den Menschen aber nicht gemocht, so das Fazit der Britin Jane Hart, Gründerin des Centre for Learning & Performance Technologies, auf der Learntec, der internationalen Kongressmesse für professionelle Bildung, Lernen und IT, im Jahr 2015. Dass sich diese subjektiven Einschätzungen auch empirisch erklären lassen, darauf deuten Studien hin, die nachweisen, dass zumindest bei manchen Lerninhalten das computerunterstützte Lernen kontraproduktiv sein kann (Giessen 2011). Das Scheitern von Selbstlernzentren findet vor diesem Hintergrund eine Erklärung. Die Studie von Graf et al. (2016, S. 32) hat ergeben, dass „sich im Durchschnitt lediglich ein Drittel der Befragten (34 %) einen weiteren Ausbau computergestützten Lernens in der Zukunft" wünscht.

Menschen sind immer schwerer mit klassischen Präsenz- als auch E-Learning-Seminaren, die ein hierarchisiertes Vorratslernen offerieren, zu erreichen. Stattdessen folgen sie lieber eigenen Lernpfaden, indem sie sich beispielsweise für ein individuelles, selbstbestimmtes Lernen in informellen Lernnetzwerken entscheiden (Rehm 2021). Dies fördert einerseits die Fähigkeit zur Selbststeuerung der eigenen Lernprozesse und die Verantwortung für die eigene Weiterbildung. Andererseits sind damit aber auch Risiken und Gefahren verbunden. Die Zeit der „naiven Unschuld im Umgang mit den Sozialen Medien ist jedenfalls vorbei" (Hafez 2016, 33). In Zeiten des sog. „Postfaktischen" erleben wir eine Wahrheitskrise, die auch vor wissenschaftlichen Erkenntnissen nicht Halt macht. Fake-News fordern zur sorgfältigen Quellenrecherche und der Entwicklung von Strategien zur Beurteilung der

ISÖ
Institut für
Sozialökologie

Glaubwürdigkeit von Nachrichten heraus. Social Bots, künstliche Intelligenzen, die sich unzählig in sozialen Netzwerken tummeln und gezielt Beiträge liken und retweeten, haben potenziell einen großen Einfluss auf die Meinungsbildung und sind eine Bedrohung für die Demokratie. Soziale Medien sind in der Gefahr, zu Echokammern bzw. Filterblasen zu werden, in denen das Risiko, sich in einer reinen Zustimmungsumgebung zu befinden, steigt.

Künftig wird es darum gehen, wie Social Learning als situatives Lernen, das in enger Verbindung zu ehrenamtlichen oder beruflichen Kontexten steht, durch Angebote eines Peer-to-Peer-Lernens, Formen von Kollaboration und Lerncoaching unter-stützt werden kann. Hart (2016) plädiert ganz in diesem Sinne für ein Workplace Learning, ein informelles, selbstorganisiertes, kooperatives und kollaboratives Ler-nen am Arbeitsplatz. Dass beim Einsatz von Social Collaboration Tools in der deut-schen Wirtschaft noch erhebliches Entwicklungspotenzial besteht, macht die erste Deutsche Social Collaboration Studie (TU Darmstadt 2016) deutlich, die von der TU Darmstadt in Zusammenarbeit mit der Unternehmensberatung Campana & Schott vorgelegt wurde.

Für ein handlungsorientiertes Lernen „just in time" und „on demand" ist besonders die Vermittlung von Erfahrungswissen gefragt. Neben den üblichen Quellen für Lerninhalte kommen zusätzlich Blogs, Podcasts, How-to-Videos, Quick-Talk-Vi-deos sowie die Beiträge in den Archiven und Mediatheken der öffentlich-rechtlichen und privaten Medienanstalten, die Europaeana als europäisches Digitalarchiv für Kulturbestände, die Lernkanäle auf einschlägigen Lernplattformen sowie natürlich die ständig steigende Zahl von Open Educational Ressources infrage. Entspre-chende Recherchen durchzuführen, Material zu sichten, dessen Qualität zu prüfen, die Inhalte leicht zugänglich zu machen und schließlich aktuell zu halten, erfordert einen nicht unerheblichen Ressourceneinsatz. Hier entsteht ein neues Arbeitsfeld für Weiterbildungsverantwortliche, das „Kuratieren" (Haider 2016, S. 86). Es wäre allerdings ein Irrtum zu glauben, beim Lernen ginge es lediglich um eine Wissens-vermittlung; diese ist „nicht mehr die zukunftsentscheidende Aufgabe von Bildung, sondern der Erwerb von Haltungen und Kompetenzen" (EduAction Erklärung 2016). Diese erfordern intensive Reflexionsprozesse im Austausch mit anderen; hier sind neue Formate des Lerncoachings durch KollegInnen, MentorInnen und Führungskräfte gefragt.

Die Ergebnisse einer im Frühjahr 2016 durchgeführten Online-Fragebogenerhebung zur Ausstattung, der Einschätzung des Potenzials digitaler Medien sowie den Nutzungsvoraussetzungen, an der sich 104 Einrichtungen der gemeinwohlorientierten Weiterbildungseinrichtungen in Nordrhein-Westfalen beteiligt haben, zeigen, „dass innovative Medienstrategien der Bildungseinrichtungen und die mediendidaktischen Kompetenzen der ErwachsenenbildnerInnen die zentralen Erfolgsfaktoren sind, um einen ‚digital shift in learning' zu ermöglichen" (Scharnberg et al. 2017, S. 10). Diese Ergebnisse werden auch von nachfolgenden Studien bestätigt.

Die Forcierung der Digitalisierung in Institutionen der Erwachsenen- und Weiterbildung verspricht dann besonders zielführend und von Erfolg gekrönt zu sein, wenn eine *Digitalisierungsstrategie* vorhanden ist (Egetenmeyer et al. 2020, S.28). Auf dieser Basis kann es gelingen,

- die Aufbau- und Ablauforganisation an die neuen Erfordernisse anzupassen,

- neue Produkte und Dienstleistungen (Beratung, Anerkennung, Evaluation, Prüfung etc.) zu entwickeln,

- die technischen Rahmenbedingungen und Infrastrukturen (IT-Admin) zu schaffen,

- den finanziellen Bedarf bereitzustellen,

- die digitale Governance und den Umgang mit den digitalen Daten zu regeln,

- die Kooperationen und Netzwerke zu aktivieren bzw. zu schaffen und

- die Nachhaltigkeit der Veränderungen institutionell abzusichern.

ISÖ
Institut für
Sozialökologie

Neben diesen eher harten Faktoren gilt es drei weitere Aspekte nicht zu unterschätzen:

Erstens ist es von zentraler Bedeutung, eine *Offenheit* in der Arbeits- und Organisationskultur herzustellen, welche die Voraussetzung für die angestrebten Veränderungen erst schafft (Egetenmeyer et al. 2020, S.28f.) und die Wertschöpfung durch die Wertschätzung der Bildungsarbeit ermöglicht.

Zweitens gilt es einen *kritisch-reflektierten Umgang* mit digitalen Medien (Egetenmeyer et al. 2020, S.28) zu fördern, um weder in Kulturpessimismus noch Technikeuphorie abzugleiten.

Drittens ist auf eine eng miteinander verzahnte und *integrierte Personal- und Organisationsentwicklung* (Kerres & Buntins 2020, S. 15) zu achten, die Passungsdialoge und ein Transflexing[14] zulassen (Kühl et al. 2018).

Abschließend gilt es noch einen Aspekt zum institutionellen Kontext für jene Erwachsenen- und Weiterbildungsorganisationen zu ergänzen, die einer Dachorganisation angehören, was allerdings nicht auf alle Träger und Einrichtungen zutrifft.

Existiert eine Dachorganisation, so fällt dieser eine zentrale Bedeutung für Kooperation und Netzwerkarbeit zu. Durch eine entsprechende Förderung der Kooperationen mit Partnereinrichtungen unter dem gemeinsamen Dach lässt sich die *Netzwerkarbeit* ausbauen und so die eigene Leistungsfähigkeit und Resilienz steigern (Egetenmeyer et al. 2020, S.30).

Das Benchmarking der Einrichtungen einer Dachorganisation vermag außerdem Impulse für die eigene Fortentwicklung als lernende Organisation zu geben.

Schließlich lassen sich mit der Verfügbarkeit eines gemeinsamen Netzwerk- und Lernmanagement-Systems sowie einer gemeinsamen Wissensdatenbank für alle Mitgliedseinrichtungen Synergieeffekte erzielen (Egetenmeyer et al. 2020, S.28).

---

[14] Mit der Wortschöpfung des Transflexings wird der Zusammenhang von Reflexion und Transformation zum Ausdruck gebracht.

Institut für
Sozialökologie

Mit dem Servicezentrum der Berliner Volkshochschulen (SerZ) hat Anfang 2020 – auf der Grundlage eines Beschlusses des Berliner Abgeordnetenhauses – eine Stelle ihre Arbeit aufgenommen, die eine Reihe von Serviceleistungen und Querschnittsaufgaben erfüllen soll. Zu den zukünftigen Angeboten des SerZ wird u.a. „vhs.digital und Kundenservice" gehören. Die entsprechenden Aufgaben sind die Betreuung und Entwicklung einer gemeinsamen Datenbank, des Internetportals und der Schnittstellen, der technische und administrativer Support von Datenbanken, Lernplattformen, die Entwicklung digitaler Lehr- und Lernformate in Zusammenarbeit mit den VHS, die datenbankbasierte Auswertungen sowie der Kundenservice (Verbund der Berliner Volkshochschulen 2020).

In ihrer Modellierung eines Reifegradmodells für Bildungsorganisationen (Egloffstein et al. 2019, S. 35) unterscheiden die AutorInnen „zunächst fünf Dimensionen und Indikatoren (Ausstattung und Technik, Strategie und Führung, Organisation, Mitarbeitende sowie Kultur). Die sechste Dimension ‚Digitales Lehren und Lernen' bezieht sich auf die Kernprozesse einer jeden Bildungsorganisation und wird deshalb explizit samt entsprechender Beispielindikatoren in die Modellierung aufgenommen (Abb. 14).

Wie die AutorInnen betonen, sind die unterschiedenen Dimensionen nicht isoliert voneinander zu betrachten, sondern beeinflussen sich gegenseitig. Anhand von Indexwerten werden fünf digitale Reifegrade unterschieden: digitale Minimalisten, digitale Konservative, digitale Pragmatiker, digitale Fortgeschrittene und digitale Vorreiter. Die Operationalisierung erfolgte über die Befragung der Mitarbeitenden eines Bildungswerks in Nordrhein-Westfalen. Auch wenn die Ergebnisse auf einer Selbsteinschätzung beruhen, so lassen sich doch aus den Ergebnissen Handlungsempfehlungen für weitere Schritte der Personal- und Organisationsentwicklung ableiten, um die digitale Transformation einer lernenden Organisation zu unterstützen. Dabei stellt sich die Frage, wie die mit der künstlichen Intelligenz (KI) verbundenen Herausforderungen gemeistert werden können.

Abbildung 14: Dimensionen des Reifegradmodells für Bildungsorganisationen

Dimension	Beispiel-Indikatoren/Inhalte
Ausstattung und Technik	• Ausstattung mit digitalen Geräten, Software • Aktualität der Infrastruktur • Einheitliche Technik, Standards
Strategie und Führung	• Existenz und Umsetzung einer digitalen Strategie • Führungskräfte treiben Digitalisierung priorisiert voran • Evaluation von neuen Technologien • Demokratischer Führungsstil, Gewährung von Gestaltungsfreiräumen
Organisation	• Ausreichende finanzielle Ressourcen • Technischer Support (intern vs. externe Dienstleister) • Zentrale Beschaffung und Wartung • Pädagogische Unterstützung
Mitarbeitende	• Wissen/Fähigkeiten im Umgang mit digitalen Technologien • Nutzung von Geräten und Diensten • Einstellungen • Weiterbildungsbereitschaft
Kultur	• Offenheit für neue Technologien • Bereitschaft für Veränderungen • offene Kommunikation, gegenseitige Unterstützung
Digitales Lehren und Lernen	• Digitale Plattformen, e-Learning-Angebote • Arbeit mit Tablets/digitalen Geräten im Unterricht • Digitale Bildung als Unterrichtsziel • Nutzung von Learning Analytics

Quelle: Egloffstein et al. Ifenthaler, D. 2019, S. 35

Datengetriebene Sozialtechnologien erweisen sich zunehmend als eine neue Bildungsherausforderung (Gapski & Packard 2021). Eine bedeutende Rolle kommt dabei dem Scoring zu, das eine Form der Erhebung und Analyse von Leistungen und Verhalten darstellt, die in einem Score, einer Bewertung, zusammengefasst wird. Ein Beispiel hierfür ist das Social-Credit-System in China. Scoring-Praktiken als Bewertungsinstrumente aus bildungsbezogenen Datenerhebungen und -verarbeitungen werden künftig zunehmend zu einem gleichermaßen pädagogischen, politischen und rechtlichen Thema und damit zu einer Herausforderung nicht nur für die Medienkompetenzvermittlung, sondern auch für den gesellschaftlichen Diskurs und die politische Entscheidungsprozesse werden (Zorn 2021, S. 217).

ISÖ
Institut für
Sozialökologie

Abbildung 15: Übersicht zum Nutzen von Learning Analytics

Perspektive / Zielgruppe	Summativ	Echtzeit	Prognose
Politische Ebene	• Institutionsübergreifende Vergleiche • Entwicklung von Maßstäben • Informationsquelle für Entscheidungsträger • Informationsquelle für Qualitätssicherungsprozessen	• Produktivität erhöhen • Ermöglicht schnelle Reaktion auf kritische Vorfälle • Performanzanalyse	• Einfluss auf organisationale Entscheidungen • Einfluss in Change Management Planung
Institutionelle Ebene	• Prozessanalysen • Ressourcenverteilung optimieren • Institutionelle Standards einhalten • Vergleich von Einheiten über Programme und Fachbereiche hinweg	• Prozesse überwachen • Ressourcen evaluieren • Einschreibungen überwachen • Fluktuation analysieren	• Prozesse vorhersagen • Projektoptimierung • Bildungsrate entwickeln • Diskrepanzen identifizieren
Instruktionsdesign	• Pädagogische Modelle analysieren • Effekte von Interventionen messen • Verbessern der Curriculaqualität	• Lerndesigns vergleichen • Lernmaterialien evaluieren • Schwierigkeitsgrade anpassen • Von Lernende benötigte Hilfsmittel anbieten	• Lernpräferenzen identifizieren • Plan für zukünftige Interventionen • Schwierigkeitsgrade anpassen • Bildungswege anpassen
Lehrkraft	• Vergleich von Lernenden, Kohorten und Kursen • Lehrpraktiken analysieren • Lehrqualität verbessern	• Lernentwicklungen überwachen • Sinnvolle Interventionen entwickeln • Interaktion erhöhen • Inhalte anpassen, um den Bedürfnisse der Lernerkohorte entgegen zu kommen	• Gefährdete Lernende identifizieren • Lernentwicklungen vorhersagen • Interventionen planen • Bestehensquote anpassen
Lernende	• Lerngewohnheiten verstehen • Lernwege vergleichen • Lernergebnis analysieren • Lernfortschritt im Bezug auf Lernzielen verfolgen	• Automatische Interventionen und Lernhilfen erhalten • Prüfungen ablegen und Echtzeit-Feedback erhalten	• Lernwege optimieren • Empfehlungen annehmen • Einsatzbereitschaft erhöhen • Erfolgsquote erhöhen

Quelle: Ifenthaler & Schumacher 2016, S. 180

Bevor Data Analytics genutzt werden, kommt es darauf an, eine datenbasierte (Lern-)Kultur zu entwickeln. KI-Systeme sind kein Selbstzweck, sondern sollen Lehrende wie Lernende in der Gestaltung von Lehr-Lern-Arrangements unterstützen. Wie dies aussehen könnte, zeigen Ifenthaler & Schumacher (2016) (Abb. 15) am Beispiel des Hochschulbereichs auf; diese Punkte lassen sich sehr gut auf die Erwachsenen- und Weiterbildung übertragen.

Die Implementation von KI setzt – wie die Digitalisierung insgesamt – eine intensive Organisationsentwicklung auf den Ebenen der technischen, kulturellen und sozialen Subsysteme der Erwachsenen- und Weiterbildungsinstitutionen voraus (Lechner et al. 2021). Die Grundlage dafür ist die Bildungsdatenkompetenz (Educational Data Literacy). Darunter wird das ethisch verantwortliche Sammeln, Managen, Analysieren, Verstehen, Interpretieren und Anwenden von Daten aus dem Kontext des Lehrens und Lernens verstanden (Sampson et al. 2021).

1.4.3 Zwischen Analogem und Digitalem - Programmplanung und Angebotsgestaltung

Während sich die Makrodidaktik mit dem gesellschafts- und bildungspolitischen Kontext beschäftigt (Kap. 1.4.1), stehen im Mittelpunkt der Mesodidaktik das Selbstverständnis und Profil der Institution und der hier verfolgten Ziele; diese finden ihren Ausdruck u.a. in der Programmplanung. Die Angebotsgestaltung und Lernorganisation sind schließlich der Mikrodidaktik zuzuordnen, in der es um die Interaktionen im Lehr-Lern-Prozess geht. Diesen Aspekten wollen wir uns unter dem Aspekt der Digitalisierung zuwenden.

Die Programmplanung und Angebotsentwicklung benötigt sog. *Wissensinseln* (Abb. 16). Darunter werden alle analytischen Instrumente und Wissensbereiche als gestaltungsrelevante Faktoren gefasst, die für die einzelnen Schritte der Programm- und Angebotserstellung abgerufen werden (Gieseke & Hippel 2019, S. 46f.).

Abbildung 16: Wissensinseln

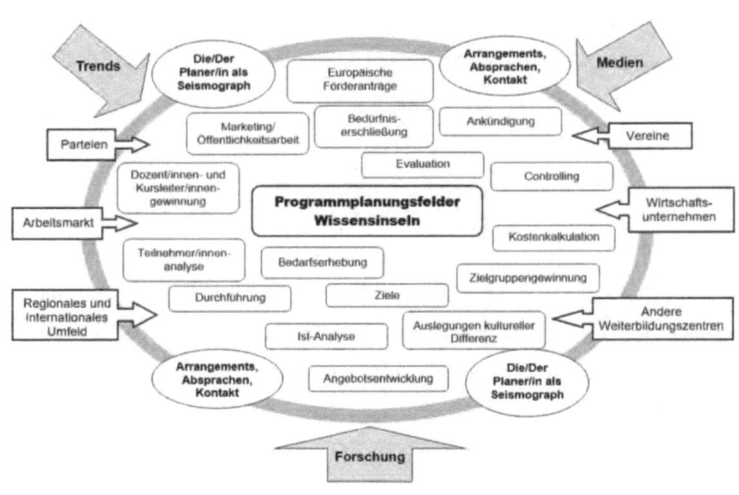

Quelle: Robak 2020, S. 49

Die digitalen Vernetzungs- und Kooperationsmöglichkeiten in Kombination mit der Nutzung von Lernmanagementsystemen, Learning Experience Plattformen und Personal Learning Environments steigern sowohl den Zugang zu als auch die Schaffung von neuen Wissensinseln.

Vor dem Hintergrund der neu entstehenden Optionen sind Erwachsenen- und Weiterbildungsanbieter herausgefordert, sich die Frage zu stellen, ob ihr bisheriges Paradigma der *Programmplanung*, nämlich Inhalte in Kursen zu organisieren unter den Voraussetzungen und Möglichkeiten der Digitalisierung nicht modifiziert werden sollte. Die Zukunft der Digitalisierung muss nicht darin liegen, einen traditionellen Kurs ins Internet zu überführen. „Als Alternative zur Kursförmigkeit bieten sich Bildungsplattformen an, in denen (offene) Bildungsressourcen zum Selbstlernen bereitstehen, die zeit- und ortsunabhängig jederzeit abgerufen werden können. Die Lernenden nutzen immer häufiger kleine Angebote, die sie zeitnah („jetzt") belegen können, und das Internet bietet viele Orte, an denen ein solches Lernen – auch ohne institutionelle Einbindung – jederzeit möglich ist" (Kerres & Buntins 2020, S. 17).

ISÖ
Institut für
Sozialökologie

Auf diese Weise haben das Internet, durch dort zuvor zur Verfügung gestellte Info- und Mediatheken, sowie die sozialen Medien das lifelong learning bereits nachhaltig verändert; dies ist ein Prozess, der gerade erst begonnen hat und weiter voranschreitet. Deshalb gilt es bei der Programmplanung durch die Weiterbildungsanbieter verstärkt nach neuen Inhalten, Formaten, Zielgruppen und Kooperationen unter Einbeziehung von Bildungsplattformen und Bildungsressourcen Ausschau zu halten. Die Herausforderung für die institutionalisierte Erwachsenen- und Weiterbildung besteht darin, zu erkennen, dass das Lernen der Menschen immer individueller, informeller sowie zeit- und ortsunabhängiger wird. Der veränderte Umgang mit Wissen, Erfahrungen und die Reflexion der entsprechenden Erkenntnisse erfordert von den institutionalisierten Einrichtungen der Erwachsenen- und Weiterbildung erweiterte Strategien der Programmplanung.

Auch die *Angebotsgestaltung* wird sich auf die aufgezeigten veränderten Anwendungsformen digitaler Medien einstellen müssen. Wenn Lernen flexibler, zeit- und ortsunabhängiger wird und eine stärkere Anpassung an die individuellen Bedürfnisse der Lernenden erforderlich wird (Pietraß 2020, S. 333), so ist dies erst der Anfang. Eine kategorial neue Anwendungsmöglichkeit muss damit noch nicht verbunden sein. Bereits seit einiger Zeit erleben wir eine Anreicherung von Präsenzveranstaltungen mit Technologien und digitalen Medien. Reiner Präsenzunterricht und reines Online-Lernen sind dabei die beiden Pole mit einer Fülle von Mischformen. Auf diese Weise entstehen vielfältige individuell kombinierbare Lehr-Lernsituationen (Abb. 17).

Abbildung 17: Barbecue-Typologie des Lehrens und Lernens mit Technologien

Technologiefreier Präsenzunterricht
Technologieeinsatz im Präsenzunterricht
Technologieeinsatz im Präsenzunterricht
und begleitendes Lernmanagementsystem
Blended Learning: Wechsel von Präsenz-
und reinen Online-Phasen
Reines Online-Lernen mit unterschiedlichen Phasen (und Werkzeugen)
CC BY-SA L3T | http://l3t.eu
http://creativecommons.org/licenses/by-sa/3.0/de/

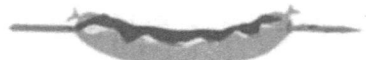

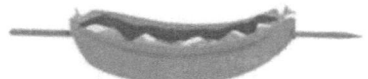

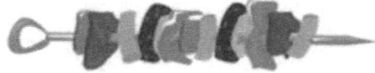

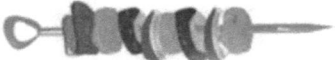

Quelle: Ebner et al. (2013, S. 7)

Bis unmittelbar vor der Corona-Krise dominierte bezüglich des Einsatzes digitaler Medien und Formate im Lehr-Lern-Prozess eine den klassischen Präsenzunterricht ergänzende bzw. unterstützende Nutzungsweise (Abb. 18). In vielen Fällen handelt es sich dabei lediglich um eine Substitution von analogen Lernmedien durch digitale. Der zuvor angesprochene Paradigmenwechsel in der Programmplanung steht noch aus. Vollständig online durchgeführte Veranstaltungen führen überdurchschnittlich häufig die Volkshochschulen, die (Fach-)Hochschulen, wissenschaftliche Akademien sowie betriebliche Bildungseinrichtungen durch.

Abbildung 18: Einsatzformen digitaler Medien bzw. Formate im Lehr-/Lerngeschehen

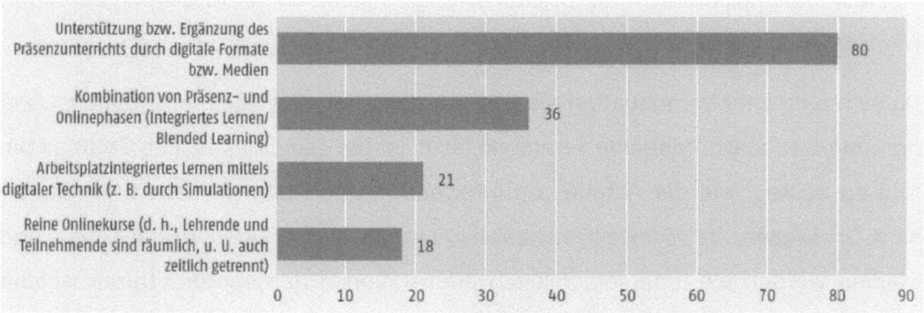

Einsatzform	Wert
Unterstützung bzw. Ergänzung des Präsenzunterrichts durch digitale Formate bzw. Medien	80
Kombination von Präsenz- und Onlinephasen (Integriertes Lernen/ Blended Learning)	36
Arbeitsplatzintegriertes Lernen mittels digitaler Technik (z. B. durch Simulationen)	21
Reine Onlinekurse (d. h., Lehrende und Teilnehmende sind räumlich, u. U. auch zeitlich getrennt)	18

Quelle: Christ et al. 2020, S. 21

Die Ergebnisse decken sich mit den Befunden der Metaanalysen von Stegmann & Fischer (2016) wonach digitale Technologien im Kontext formaler Lehr-Lernprozesse vor allem zur Präsentation und Kommunikation in und im Kontext von Präsenzveranstaltungen genutzt werden.

Das neue didaktische Potenzial digitaler Technologien liegt in Folgendem (Pietraß 2020, S. 334).:

- *Learning Analytics* (Ebner & Ebner 2018). Diese ermöglichen es, Lernangebote an die Merkmale der Lernenden im Lernprozess anzupassen, indem die in bestimmten Dokumenten und Arbeitsweisen aufgezeichneten Prozesse erfassbar werden.

ISÖ
Institut für
Sozialökologie

67

- *Interaktive bildbasierte Handlungswelten* in Form von Simulation und digitalen Spielen: Diese schaffen einen virtuellen Raum, in dem das Erproben und Erleben vorentworfener Handlungsoptionen möglich wird.

- Digitales *kollaboratives Lernen* (Vogel & Fischer 2018): Durch die Aufzeichnung von Kommunikation der Lernenden untereinander wird es möglich, durch ein gemeinsames kollaboratives Arbeiten ein gemeinsames Produkt zu erstellen; dies erfordert eine stärkere Koordination als die bloße Kooperation.

Mit Blick sowohl auf die bisherigen als auch die neuen didaktischen Potenziale lassen sich die Implikationen der Digitalisierung hinsichtlich der Angebotsgestaltung wie folgt resümieren:

Da sich jede Lehr-Lernsituation als eine Kombination aus einer *Informations- und Kommunikationskomponente* verstehen lässt, ist bei den didaktischen Settings darauf zu achten, wie die Anteile von Information und Kommunikation kombiniert sind. Die Fragen, die es jeweils zu beantworten gilt, lauten: Über welche Kanäle und Medien werden die unterschiedlichen Informationen dargeboten? Durch welche Technologien und Medien wird die Interaktionsqualität der Kommunikation gestaltet?

Die Gestaltung der Lernorganisation weist *räumliche, örtliche und soziale Dimensionen* auf. Diesbezüglich gilt es Antworten auf die Frage zu finden: Wie verteilen sich die Informations- und Kommunikationsanteile auf diese Dimensionen?

Die Technologien und Medien können unterschiedliche *Funktionen bei der Erreichung von Lernzielen* übernehmen. Hier stellen sich folgende Fragen: Welche medialen Hinweise, Impulse bzw. Settings können genutzt werden, um die vorab festgelegten kognitiven bzw. affektiven Lernziele zu erreichen (Kerres & Buntins 2020, S. 15).

Zum besseren Verständnis der zuletzt genannten Aspekte gilt es kurz auf die kognitiven und affektiven Lernzieltaxonomien einzugehen. Die *kognitiven* Prozessdimensionen weisen nach Anderson und Krathwohl (2001) in Anlehnung an Bloom (1956) die folgenden sechs Kategorien mit aufsteigendem Komplexitätsgrad auf:

- *Erinnern*: Es sichert den Zugang zum Wissen um Kenntnisse.

- *Verstehen*: Informationen wird Sinn gegeben.

- *Anwenden*: Dies geschieht durch Üben von Abläufen und das Lösen von Problemen.

- *Analysieren*: Gemeint ist das Zerlegen von Inhalten in Einzelteile und die Bestimmung der Beziehung dieser Teile zueinander.

- *Beurteilen*: Es bezeichnet Bewertungsprozesse anhand von klar definierten Kriterien und Standards.

- *(Er-) Schaffen*: Dies geschieht durch das Zusammenfügen von vorhandenen Elementen zu einem kohärenten und funktionellen Neuen.

Während es auf der ersten Ebene (Wissen) um das Reproduzieren von gelernten Informationen auf bekannte Fragestellungen geht, beschreiben die Tätigkeiten auf den folgenden Stufen komplexe Verhaltensweisen bis hin zum kreativen (Er-) Finden.

Analog zur Taxonomie für den kognitiven Bereich haben Krathwohl et al. (1978) ein Ordnungsschema entworfen, das es ermöglichen soll, *affektive* Lernziele durch Zuordnung zu entsprechenden Verhaltenskategorien klarer zu beschreiben. Zum affektiven Bereich gehören *Interessen, Haltungen, Einstellungen, Wertschätzungen sowie Stellungnahmen*, die verschiedene Grade der Zustimmung oder Ablehnung ausdrücken. Die Skala der Verhaltensweisen reicht von der grundsätzlichen Bereitschaft, Informationen aufzunehmen, über das Werten und das Organisieren von Werten bis hin zu komplexen Verhaltensweisen, die Ausdruck einer Weltanschauung sind.

ISÖ
Institut für
Soziologie

Die drei für die Angebotsgestaltung identifizierten Aspekte weisen jeweils verschiedene Ausprägungen auf einer von drei Achsen auf:

- *Lernsetting*: Information darbieten und Kommunikation gestalten,

- *Lernorganisation*: räumlich, zeitlich, sozial sowie

- *Lernziele*: kognitive, affektive (Abb. 19).

Abbildung 19: Dreidimensionaler Raum der Angebotsgestaltung von digital unterstützten Lehr-Lern-Prozessen

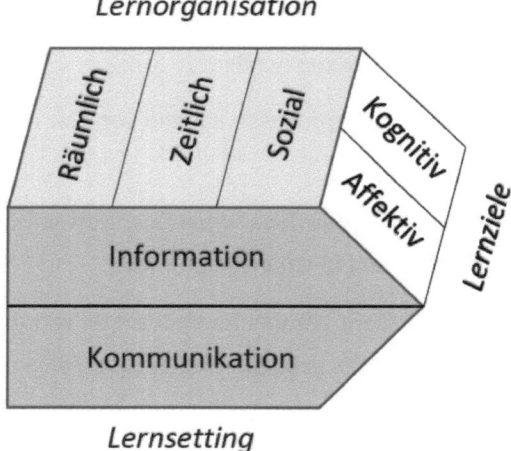

Quelle: Eigene Darstellung

Jedes Weiterbildungsangebot lässt sich in dem dreidimensionalen Raum eindeutig verorten.

In Ergänzung zu dem dreidimensionalen Raum der Angebotsgestaltung werden E-Learning-Szenarien in der Regel nach dem Grad der Virtualisierung von der Präsenzveranstaltung mit begleitenden Online-Materialien über Formen von Blended Learning bis hin zu reinen Online-Angeboten unterschieden.

Bei der Gestaltung von Weiterbildungsangeboten lassen sich drei Szenarien netzbasierten Lehrens und Lernen unterscheiden (Bremer o.J.):

Anreicherungskonzept: „Anreicherung der Präsenzlehre durch die Bereitstellung begleitender Materialien und ggf. auch Kommunikationsmedien".

Integrationskonzept: „Integrative Kombination und Verzahnung von Online- und Präsenzphasen. Online Angebote sind nicht mehr optional".

Virtualisierungskonzept: „Ersatz von Präsenzangeboten durch reine online Angebote (z.B. als online Selbstlernkurse, Videovorlesungen, tutoriell begleitete oder kooperative Veranstaltungsformen)" (ebd., S. 1).

Beim Integrationskonzept können den in unterschiedlichen Rhythmen alternierend angebotenen Online- und Präsenzphasen verschiedene Funktionen zugeordnet werden (Abb. 20).

Während das Beispiel 1 der traditionellen Vorstellung verpflichtet ist, dass die Wissensvermittlung in der Präsenzphase stattfindet und anschließend nachgearbeitet und angewendet wird, praktiziert das Beispiel 2 das Modell des „flipped classroom"; d.h. zunächst setzen sich die Lernenden selbst in der Online-Phase mit den Inhalten auseinander und können dabei ihr Lerntempo dem eigenen Kenntnisstand anpassen. Was an Fragen, Erklärungsbedarf und Anwendungssituationen auftaucht, wird in die Präsenz-Phase verlagert. Dieser kann sich dann noch eine Online-Phase zur Reflexion anschließen; im Beispiel 3 findet diese Phase alternativ in der Präsenzphase statt.

ISÖ
Institut für
Sozialökologie

Abbildung 20: Variationen der Aufgabenzuordnung von Online- und Präsenzphasen

Beispiel 1:
Wissensvermittlung in Präsenz (z.B. Vorlesung) und Anwendung und Übung online. Abfragen der Bearbeitung und Besprechung der online Aufgaben wiederum in der nächsten Präsenzsitzung

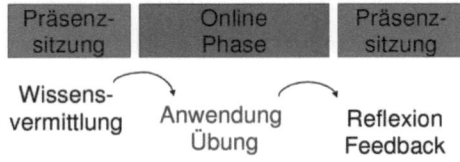

Beispiel 2:
Wissensvermittlung durch online Selbstlernmodule, dadurch mehr Zeit für Übung, Anwendung und Besprechung in der Präsenzsitzung. Nachbearbeitung wiederum online.

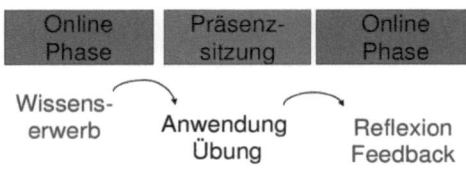

Beispiel 3:
Wissensvermittlung durch online Selbstlernmodule, anschließende , Anwendung und Besprechung sowie auch die Nachbearbeitung in Präsenzsitzungen.

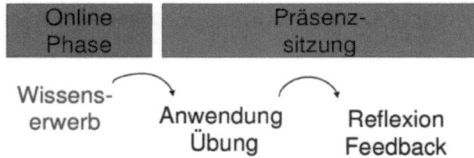

Quelle: Bremer o.J., S. 2f.

Die exemplarisch dargestellten Beispiele lassen sich um zahlreiche andere Kombinationsformen ergänzen, wenn man neben alternierenden Modellen von Online und Präsenz auch parallele Formen der wechselseitigen Unterstützung und Begleitung oder auch solche von ausschließlicher Prolog- bzw. Nachbereitungsfunktion in Erwägung zieht.

Hinsichtlich des Virtualisierungskonzeptes ist festzuhalten, dass die Bedeutung der intensiven Betreuung und der soziale Kontakt umso wichtiger ist, je anspruchsvoller das zu erwerbende Wissen ist. „Fehlen soziale Bezüge unter den Teilnehmenden und zu den Lehrenden, so zeichnen sich in der Online-Lehre Abbrecherquoten wie in der traditionellen Fernlehre, im Fernstudium ab" (ebd., S. 5).

Die für das E-Learning getroffene Unterscheidung reicht für Mobile Learning nicht aus (Reiners 2017). Deshalb schlägt de Witt (2014) vier Kategorien für die Differenzierung der Szenarien mobilen E-Learnings vor. Anhand der Dimensionen Ort und Zeit werden vier Lernszenarien unterschieden (Abb. 21). So entsteht eine Bandbreite, die verschiedene Formate mit virtueller Präsenz unterscheidet.

Abbildung 21: Szenarien mobilen E-Learnings

2 situiert und authentisch an konkreten Lernorten	**Ort abhängig** Präsenzlehre 3
Zeit unabhängig	**Zeit abhängig**
	Learning/ 4 Distance Virtuelle Präsenz
1 Lernen unabhängig von Ort und Zeit	**Ort unabhängig**

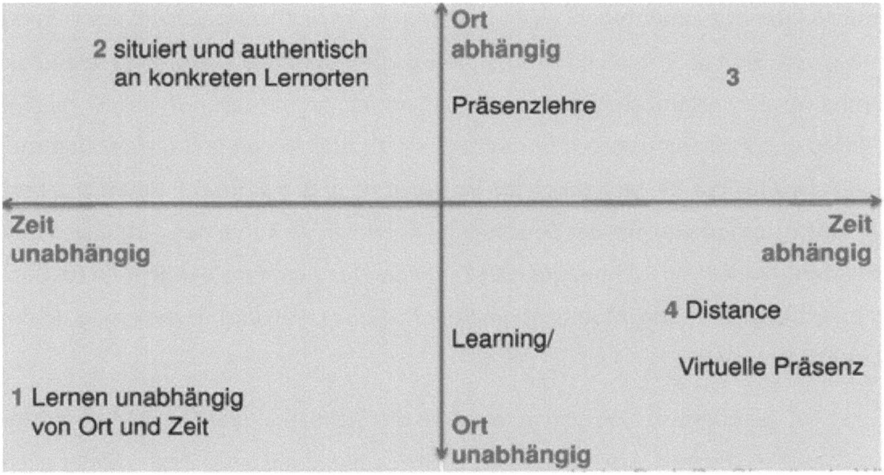

Quelle: de Witt 2014, S.13

Neben dem Unterrichten, Informieren, Beraten und Animieren ist das *Arrangieren* eine Grundform pädagogischen Handelns (Giesecke, 2010; Prange & Strobel-Eisele, 2006), die besonders in der Weiterbildung von Bedeutung ist. Hier geht es nämlich nicht darum, wie im schulischen Sinne zu unterrichten oder zu animieren, da die TeilnehmerInnen in der Regel ja freiwillig kommen. Angesichts der Abwesenheit dezidierter Lerninstruktionen und der Einsicht in die prinzipielle Nichtprogrammierbarkeit des Lernens Erwachsener geht es stärker darum, Lernsituationen zu erzeugen, die durch zurückhaltende Lernanweisungen der PädagogInnen gekennzeichnet sind und die mit ihrer kalkulierten Offenheit bestimmte Freiheitsspielräume für die Lernenden beinhalten (W. Lindner 2014). Zu den Systemen der Unterstützung, die es zu arrangieren gilt, gehören ganz zentral die *Lehr-Lern-Settings* und

Formate, die in ihrer praktischen Umsetzung methodischen und didaktischen Prinzipien unterliegen. In der „Thüringer Strategie für die Digitale Gesellschaft" (Thüringer Ministerium für Wirtschaft, Wissenschaft und Digitale Gesellschaft 2020, B2-02) wird das Ziel formuliert, geeignete Konzepte, Modelle und Methode zielgruppenspezifischer digitaler Lernarrangements zu fördern und zu entwickeln.

Um dieses Ziel zu erreichen, genügt es nicht, bestehende analoge Konzepte in den virtuellen Raum zu übertragen; es ist allerdings auch nicht ausreichend nur auf neu entwickelte digitale Tools und Programme zurückzugreifen. Die große Herausforderung für das Arrangieren von Lehr-Lern-Settings im virtuellen Raum ist es, Bewährtes aus Präsenzformaten in das Digitale zu überführen und gleichzeitig methodische Ansätze, die sich durch die Verlagerung in den virtuellen Raum ergeben, sinnhaft zu integrieren. Bei der Bewältigung der damit verbundenen Aufgaben kann das *SAMR-Modell* von Puentedura (2012) helfen. Das Akronym SAMR steht für Substitution, Augmentation, Modification, Redefinition (Ersetzung, Erweiterung, Änderung, Neubelegung).

- Auf der Ebene der *Ersetzung* treten an die Stelle analoger Aufgaben und Materialien digitale Arbeitsmittel, z. B. in Form digitalisierter Texte/Materialien statt gedruckter.

- Auf der Ebene der *Erweiterung* werden die analogen Aufgaben und Materialien funktional ergänzt indem bspw. Multimedia-Inhalte verlinkt und eingebettet werden.

- Auf der Ebene der *Änderung* ermöglicht die digitale Technik eine Neugestaltung von Aufgaben und Materialien, z. B. durch die Integration von Soft- und Hardware bzw. digitalen Kommunikationswerkzeugen.

- Auf der Ebene der *Neubelegung* können gänzlich neuartige, zuvor nicht existierende Aufgaben und Materialien durch digitale Technik ermöglicht werden, bspw. das digitale Storytelling.

Schrock (2020) hat das SAMR-Modell mit der Lernzieltaxonomie von Bloom kombiniert (Abb. 22).

Abbildung 22: Bloom trifft SAMR

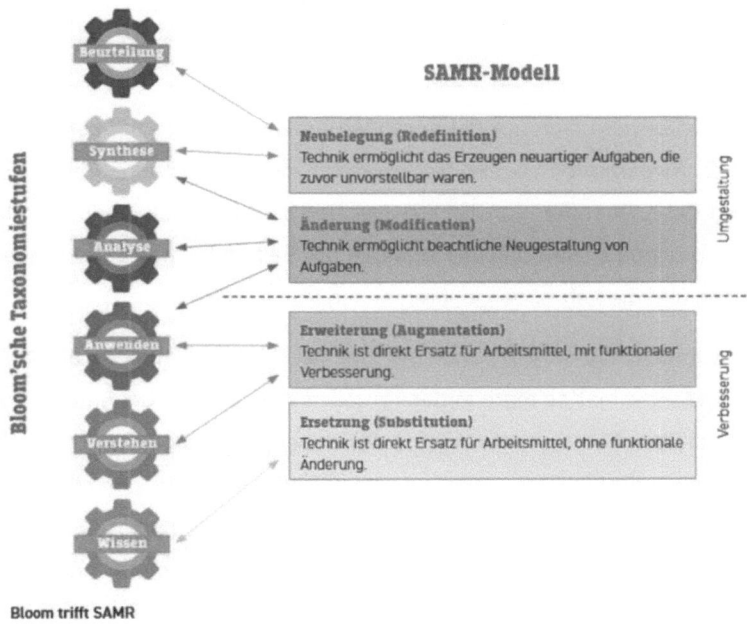

Bloom trifft SAMR

Quelle: Stauffacher-Birrer 2019, S. 22

Die Kombination aus dem SAMR-Modell und der Bloom'schen Taxonomie kann Lehrenden eine Orientierung bieten bei der Entwicklung von differenzierten und kompetenzorientierten Aufgabenstellungen beim E-Learning.

Durch bewusstes methodisches Arbeiten können Lehrende vielen Herausforderungen, die virtuelle Formate beinhalten, gezielt begegnen:

Die Verlagerung der Lernarrangements in den virtuellen Raum verlangt von den Lehrenden als auch den Lernenden mehr Konzentration. Die Lehrenden sollten deshalb klare *Lernziele* formulieren und diese mittels einer prägnanten methodischen Struktur und didaktischer Reduktion erreichen.

ISÖ
Institut für
Sozialökologie

Die zweite Herausforderung, das Verlassen des gewohnten sozialen Kontextes in Lehr-Lern-Arrangements und die neu zu findenden kollaborativen Strukturen, lassen sich mit gezielten methodischen Interventionen unterstützen, um eine bewusste *soziale Rahmung des Lernens* zu garantieren und den diskursiven Austausch zu fördern.

Eine dritte Herausforderung, die vor allem die Interaktion zwischen Lehrenden und Lernenden betrifft, bezieht sich auf die Veränderung vom eher fremdbestimmten zum stärker *selbstbestimmten Lernprozess*, wodurch sich eine unvermeidbare Rollenveränderung der Lehrenden von Unterrichtenden zu Lernbegleitenden ergibt. Hierbei können geeignete methodische Ansätze die Selbststeuerung der Lernenden unterstützen und die Lehrenden in ihren neuen Rollen stärken.

Im Sinne der Prämisse, dass die Didaktik die Technik führen soll und nicht umgekehrt, müssen didaktische Konzepte in der virtuellen Welt folglich bestimmte Voraussetzungen erfüllen. Ein wichtiger Aspekt der dabei zu beachten bleibt, ist die Tatsache, dass durch die Einbeziehung neuer didaktischer Konzepte und Methoden der digitalen Welt, keine einseitige Wirkung erzielt wird, sondern, dass sich die Veränderungen grundlegend auf die Konzepte der Erwachsenenbildung auswirken werden (Schäfer 2020, S. 19).

Um einen Eindruck von der Vielzahl der Settings und Formate zu vermitteln, werden hier, ohne den Anspruch auf auch nur annähernde Vollständigkeit, einige mediengestützte Formate in alphabetischer Reihenfolge genannt:

- Blended Learning,

- Mobile-Learning,

- Massive Open Online Course,

- E-Learning,

- Fernlehrgang,

ISÖ
Institut für
Sozialökologie

- Flipped Classroom bzw. Inverted Classroom,

- Game Based Training,

- How-to-Video,

- Online-Coaching,

- Web Based Training und

- Webinar[15].

Die Liste ließe sich noch beliebig verlängern. Was unter identischen Begriffsbezeichnungen zum Teil verstanden wird, kann sehr stark voneinander abweichen. Deshalb ergibt es auch wenig Sinn, Formate verbindlich definieren bzw. klassifizieren zu wollen. Zum Teil wird versucht, Settings nach Kriterien wie Zugang, Umfang,

---

[15] Im Frühjahr 2020 versetzte die Weiterbildungs- und Trainingsbranche, die durch Corona-Krise bedingt, gerade damit begann, verstärkt Online-Seminare durchführte, die Nachricht in Unruhe, der Begriff Webinar sei als Marke geschützt. Der Markenrechtler Rolf Becker (2020) empfahl damals, den Begriff beschreibend zu verwenden und ihn nicht als Name für die Veranstaltung zu nutzen, bzw. den nicht geschützten Begriff „Web-Seminar" zu verwenden.

Am 6. Juli 2020 meldete sich Mark Keller (2020), Inhaber und Lizenzgeber der deutschen Marke WEBINAR® mit einer offiziellen Stellungnahme zu Wort. In dieser heißt es:

„WEBINAR® ist nicht gleich „Webinar" Der Begriff „Webinar" wird im alltäglichen Sprachgebrauch oft als Gattungsbegriff für Online-Seminare aller Art und für Dienste von verschiedenen Anbietern verwendet. Die seit dem Jahr 2003 beim Deutschen Patent- und Markenamt eingetragene deutsche Marke „WEBINAR®" ist eine Qualitätsbezeichnung für Online-Seminare sowie weitere Dienste und wird seit vielen Jahren zur Kennzeichnung von Veranstaltungen, Online-Seminaren und weiteren Projekten benutzt.

Die Markenbezeichnung WEBINAR® ist keinesfalls gleichbedeutend mit dem Begriff „Webinar" oder sonstigen begrifflichen Abwandlungen. Im Verkehr ist der Unterschied zwischen der Marke WEBINAR® und dem Begriff „Webinar" regelmäßig an dem Markenhinweis durch die Beifügung des ®-Symbols zu erkennen. Unseren Lizenznehmern und mir als Markeninhaber ist es besonders wichtig, dass dieser Unterschied zur Kenntnis genommen wird und allgemein bekannt ist. (...)

Lassen Sie sich daher nicht von Gerüchten im Internet über etwaige kostenpflichtige Abmahnungen verunsichern, welche nicht von mir als Markeninhaber, meinen Unternehmungen, Lizenznehmern oder rechtlichen Vertretern veranlasst wurden oder werden."

Rolf Becker sieht damit die geäußerten Bedenken zur Verwendung des Begriffs „Webinar" ausgeräumt und schätzt die Situation so ein, dass die Marke mit dieser Erklärung faktisch preisgegeben ist.

ISÖ
Institut für
Sozialökologie

Struktur und Abschluss voneinander abzugrenzen, was in bestimmten Weiterbil-dungssektoren, wie beispielsweise der wissenschaftlichen Weiterbildung, durch-aus nützlich sein kann, wenn es darum geht, bestimmte Systematisierungsstufen voneinander zu unterscheiden (DGWF, 2010). Ein anderer Versuch, das Feld zu ord-nen, besteht darin, die Dimensionen eines Lehr-Lern-Settings in didaktisch-metho-dische, sozial-integrative und solche des Umfeldes zu unterteilen.

Angesichts einer zunehmenden Verlagerung der Lernarrangements in den virtuel-len Raum, stellt sich die Herausforderung, wie die ursprünglich als äußere Räume gedachten sog. „Dritten Orte" auch als virtuelle konzipiert werden können. Das Kon-zept des „Dritten Ortes" geht auf den US-amerikanischen Soziologen Oldenburg (1999) zurück. Demnach dient der *Erste Ort* dem Arbeitsleben, der *Zweite Ort* dem Familienleben. Der *Dritte Ort* soll zu den beiden anderen einen Ausgleich schaffen und ist ein Treffpunkt für die nachbarschaftliche Gemeinschaft.

Der Dritte Ort ist dadurch gekennzeichnet, dass es ein neutraler Ort ist, wo man kommen und gehen kann, der leicht zugänglich und einladend ist, der ein Gefühl von Zugehörigkeit und eine Gemeinschaft ohne Zwang verkörpert. Dritte Ort zeich-nen sich dadurch aus, dass sie eine hohe Aufenthaltsqualität besitzen, ein breites Angebot, die Offenheit des Zugangs gewährleisten, die soziale Kohäsion stärken und flexible Raumstrukturen offerieren.

In den 1970er Jahren wurde der Begriff des Dritten Ortes vor allem auf Erlebnis- und Shoppingorte (Einkaufszentren, Freizeitparks usw.) angewendet. Heute wer-den Begegnungsorte wie Bibliotheken, Museen, Cafés usw. darunter gefasst.

Die Charakteristika der Dritten Orte können als Anforderungskriterien für Räume der Erwachsenen- und Weiterbildung gelten.

Mit Blick auf Bibliotheken haben Jochumsen et al. (2014) ein Vier-Raum-Modell entwickelt, das nicht im Sinne konkreter Räume im physischen Sinne zu verstehen ist, sondern auf die funktionalen Qualitäten abhebt (Abb. 23). Es unterscheidet ei-nerseits zwischen den Polen „Erlebnis „und „Beteiligung" und anderseits zwischen

„Innovation" und „Empowerment". Durch die Kombination entsteht ein Vier-Felder-Schema mit den folgenden Raumfunktionen:

• Im *Inspirationsraum* werden Menschen begeistert und machen bedeutungsvolle Erfahrungen,

• im *Lernraum* gewinnt der Mensch Erkenntnisse und entwickelt Kompetenzen,

• im *Treffpunkt* werden aktuelle Probleme diskutiert und die Möglichkeit zum Entspannen geboten und

• der *performative Raum* gewährt Zugang zu Werkzeugen und Materialien, die kreatives und künstlerisches Gestalten ermöglichen.

Abbildung 23: Das Vier-Raum-Modell der öffentlichen Bibliothek nach Jochumsen et al. (2014)

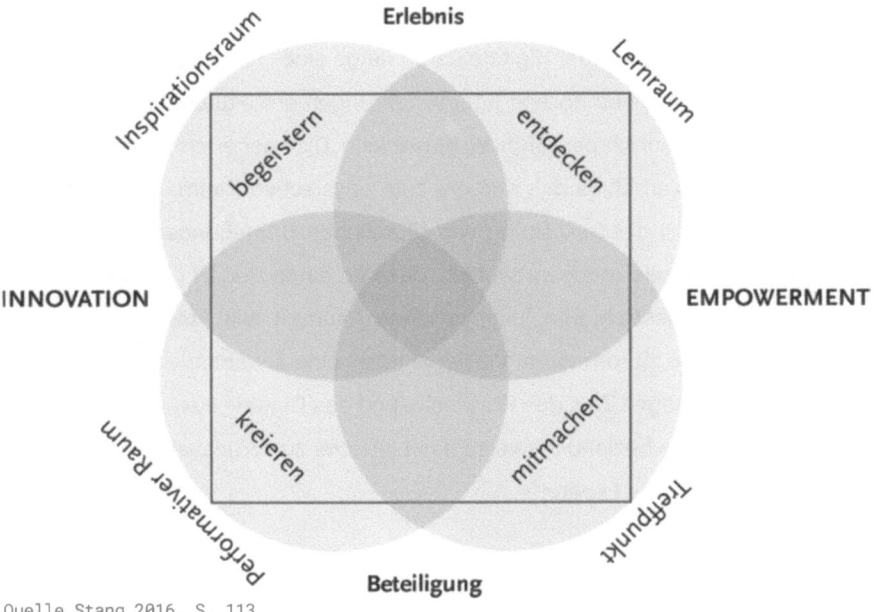

Quelle Stang 2016, S. 113

Das Vier-Raum-Modell verweist zugleich auf vier mögliche Formen des Lernens: durch Kommunikation, Kollaboration, Kreativität bzw. kritisches Denken, die eine Orientierung mit Blick auf die zugrunde liegende Haltung vermitteln kann.[16]

Die Corona-Krise zeigt, dass sich vieles in den digitalen Raum verlagern lässt und macht zugleich auch die Grenzen dieser Verlagerung deutlich. Als analoge Körper bewegen sich Menschen immer im physischen Raum auch während virtueller Treffen. Mit der zunehmenden Reduzierung der physischen Bewegungsmöglichkeiten, die verkürzt und unzutreffend auch als Social Distancing bezeichnet wird, wächst das Bedürfnis nach sozialem Austausch im physischen Raum. Hierzu stellt Stang (2021, S. 21) fest: „Gleichzeitig fordert der digitale Raum einen veränderten Umgang mit unserer Körperlichkeit ein. Der biologische Körper ist zwar im Physischen präsent, der Leib muss es in beiden Sphären sein. Dies macht deutlich, dass, wenn wir heute das Verhältnis von Körper und Raum betrachten, ein differenzierter Blick notwendig ist. Für viele war der digitale Raum lange eine „Terra incognita", die erst erkundet werden muss und dortige Raumerfahrungen erst kulturell durchdrungen werden müssen, um ein Körpergefühl zu entwickeln. Dies generiert wiederum Rückwirkungen auf das Verhältnis des Körpers zum physischen Raum. Die derzeitigen Suchbewegungen bei der Gestaltung von räumlichen Umgebungen in den Bereichen Arbeit und Bildung machen deutlich, dass es einen Bedarf gibt, die kulturell geprägten Handlungsstrukturen in physischen Räumen wie Arbeitsplätzen und Lehr-Lernplätzen neu zu formieren. Vielleicht ist es eine der spannendsten Herausforderungen der heutigen Zeit, das Physische und das Digitale zu moderieren ohne dabei das Körperliche beziehungsweise das Leibliche zu vergessen – und dies gilt für alle Bereiche unseres Lebens"[17].

---

[16] Weitere Hinweise zum Thema der Lernraumgestaltung finden sich bei Günther, D. et al. (2019a), Prill, A. (2019a), Prill (2019b) sowie in den Forschungen des Learning-Research Centers der Hochschule der Medien Stuttgart (www.learning-research.center).

[17] Die Vermessung der Beziehung von analogem Körper und physischem sowie digitalem Raum ist das Schwerpunktthema der Ausgabe 1/21 der Zeitschrift für Sozialmanagement.

Die Zukunft gehört - wie auch die Forschungen zum Seamless Learning zeigen (Kap. 1.3) den hybriden Lehr-Lern-Arrangements. Bei ihrer Gestaltung werden die unterschiedlichen Dimensionen des Lehr-Lern-Settings, ihre Formate und Sozialformen so miteinander kombiniert, dass sie situativ passfähig für die jeweilige Gruppe der AdressatInnen sind. Auf diese Weise entstehen unterschiedliche Lernszenarien, die danach zu differenzieren sind, welche Lernziele sie anstreben, ob es stärker um den Wissensaufbau, die Wissensverwendung oder den Wissenstransfer geht (Abb. 24).

Abbildung 24: Systematik von hybriden Lehr/Lernszenarien

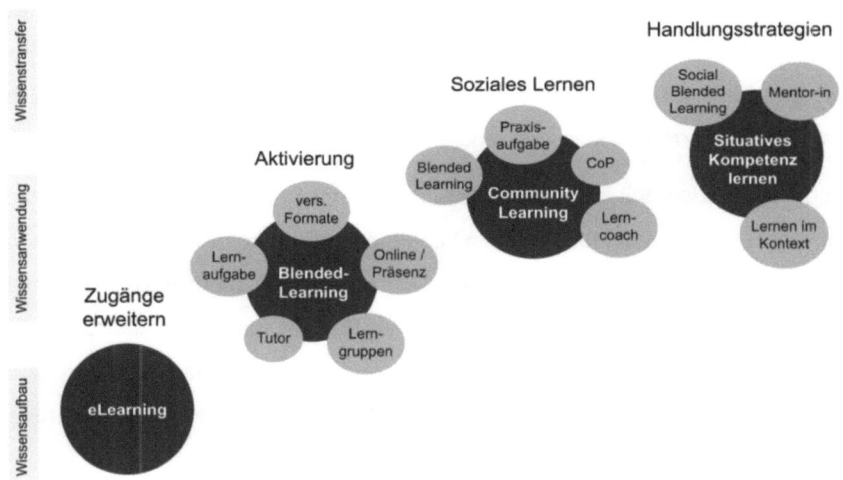

Quelle: Scharnberg & Waffner 2020, S. 20

Das Potenzial des E-Learnings besteht darin, über eine zeitliche und räumliche Entgrenzung Zugangschancen zu erweitern und mehr Flexibilität zu ermöglichen. Entsprechendes gilt auch für das *Blended Learning*, das durch den Wechsel von Online- und Präsenzphasen durch die stärkere soziale Eingebundenheit zusätzlich in der Lage ist, nicht nur das selbstgesteuerte Lernen zu fördern, sondern auch ein höheres Maß an Aktivierung zu erreichen. Beim *Community Learning* sind die Lernenden bestrebt, die Lerninhalte in ihren Arbeitsalltag einzubinden. Die Zusammenarbeit basiert auf dem Erfahrungsaustauch der *Community of Practice* (CoP) (Robes 2021). Die Aufgabe der Kursleitung besteht hier darin, die unterschiedlichen Perspektiven ins Gespräch miteinander zu bringen und diesen Prozess zu moderieren. Das *situative Kompetenzlernen* findet unmittelbar im Alltag der Lernenden statt. Das Lernangebot stellt dafür eine Infrastruktur zur Verfügung, die darauf abzielt, die Entwicklung von Handlungs- und Lernstrategien zu unterstützen (Eckelt & Enk 2017). Die/der LernbegleiterIn kuratiert zum einen die Inhalte und steht zum anderen als Lerncoach zur Verfügung.

Wie die Erfahrungen nach einem Jahr Corona-Pandemie im Frühjahr 2021 zeigen, sind die von einigen formulierten Hoffnungen und von wiederum anderen als Befürchtungen formulierten Erwartungen, das digitale Lernen würde das analoge ersetzen, gleichermaßen unbegründet. Welche Vor- aber auch Nachteile mit den unterschiedlichen Formen verbunden sind, treten nun deutlicher ins Bewusstsein.

Eine auf den ersten Blick vielleicht paradox erscheinende Erfahrung setzt sich durch: Professionelles digitales Lernen kann einen Raum schaffen für eine *Renaissance des Präsenzlernens*: „Die neuen Möglichkeiten der Wissensvermittlung im digitalen Bereich führen dazu, dass im analogen Bereich der freie Diskurs, die Debatte, die Reflexion und die direkte, zeitgleiche und sich beeinflussende tätige Auseinandersetzung zur Lösung einer Aufgabe wieder im Vordergrund stehen" (Stoller-Schai 2020).

Es bleibt der weiteren Entwicklung vorbehalten, welche Erkenntnisse der neu erworbene Umgang mit den digitalen Formaten noch zutage fördern wird. Der kritisch reflektierte Blick auf neue sich herausbildende Formate bleibt erforderlich. So zeigt sich bspw., dass Apps, die selbstgesteuerte Lernmöglichkeiten versprechen, nicht pädagogisch neutral sind; sie regen das Handeln durch ein algorithmisches Programm an, das zumeist auf einfache Ursache-Wirkungs-Zusammenhänge zurückgreift und Lernen im Sinne von Fitnessdiskursen rahmt. Die „Hoffnungen auf ein selbstbestimmtes Lernen mittels digitaler Technologien" drohen „in der Lehrpraxis von Apps (sich) in das Gegenteil (zu) verkehren" (Klinge 2020, S.73).

Neben pädagogisch eher zweifelhaften bzw. negativen Beispielen gibt es aber auch eine ganze Reihe von Best-Practice-Beispielen, mit denen sich zu beschäftigen sich lohnt; Franz & Robak (2020) nennen in ihrer Übersicht u.a. die folgenden Angebote und Projekte, die sie nach einem einheitlichen Kriterienraster beschreiben:

- vhs.cloud[18]: Das Online-Netzwerk für Volkshochschulen wird vom Deutschen Volkshochschulverband angeboten und ermöglicht onlinegestützten Unterricht, Teamarbeit und deutschlandweite Kooperationen für Kursleitende und Mitarbeitende. https://www.vhs.cloud/wws/9.php#/wws/start.php?sid=67081086283315 391561743774377320Scaeff52b.

- Wissensrouten – Gesellschaftlich-politische Bildung durch digitales Geschichte(n)erzählen: Dieses Bildungsformat ermöglicht es Teilnehmenden Multimedia-Beiträge zu gesellschaftlich oder historisch bedeutsamen Themen zu produzieren. Die entstandenen digitalen Beiträge werden auf einer interaktiven Landkarte veröffentlicht und lassen sich zu online abrufbaren „Wissensrouten" zusammenfügen. Durch das das Teilen in Sozialen Medien finden sie öffentliche Verbreitung und Aufmerksamkeit. Infos und Online-Karte unter www.wissensrouten.de

- Netzpolitik.org ist ein journalistisches gemeinwohl-orientiertes Medienprojekt, das aus der Perspektive von digitalen Grundrechten über die Debatten der Digitalisierung berichtet. https://netzpolitik.org/

- Mittelstand 4.0-Kompetenzzentrum Hannover: Neben Firmengesprächen und Informationsveranstaltungen werden halb- bis zweitätige Weiterbildungsangebote im Kontext von Digitalisierung und Industrie 4.0 offeriert. Hiermit sollen kleine und mittlere Unternehmen unterstützt werden, die Potenziale der Digitalisierung für sich zu erschließen. https://mitunsdigital.de/

---

18 Im Jahr 2020 wurden rd. 33.000 Kurse in den virtuellen Kursräumen der volkshochschuleigenen vhs.cloud umgesetzt (DVV 2020).

- Digitale Bildungsmedien als Beitrag zur Öffnung von Hochschulen – Das Projekt OpenDigiMedia. Der Fokus liegt auf der Entwicklung einer Online-Lernplattform mit Kursen zum Themenfeld Industrie 4.0. Daneben werden Schulungen und Beratungen für Weiterbildungseinrichtungen angeboten. Beratungsangebote für Studieninteressierte runden das Angebotsspektrum ab. https://www.aewb-nds.de/themen/digitalisierung/open-digi-media/

Zusätzlich sollen noch die folgenden Hilfestellungen erwähnt werden:

- Präsenzkurse in Onlinekurse umwandeln: Auf dieser Seite des Deutschen Bildungsservers finden sich Anleitungen, wie es gelingen kann, einen Präsenzkurs in einen Online-Kurs umzuwandeln. https://www.bildungsserver.de/Praesenzkurse-in-Onlinekurse-umwandeln-12769-de.html

- DIGIT-AL Toolbox: Auf der Projektwebseite des Erasmus+-Projektes „DIGIT-AL" (Digital Transformation and Adult Learning for Active Citizenship) werden Ergebnisse und Materialein zur digitalen Transformation für die politische Erwachsenenbildung bereitgestellt. https://dttools.eu/index.html

Aus der Vielzahl der methodisch orientierten Literatur und Toolboxen sollen drei Bücher exemplarisch erwähnt werden, die wichtige Impulse und Orientierung zu geben vermögen:

- Hanstein & Lanig (2020) greifen grundlegende didaktische Fragen und Ansätze auf, um diese auf ihre Geeignetheit im virtuellen Raum zu überprüfen. Ihr Methodenbuch bietet ausgehend von didaktischen Leitfragen ein methodisches Differential. Es wird ein kreativer Raum im Sinne einer morphologischen Matrix geschaffen, der zum Experimentieren einlädt. Die Auswahl der Methoden ist breit angelegt und an den zuvor definierten Bedürfnissen der Lehrenden und Lernenden ausgerichtet. Sie bietet eine vielfältige Unterstützung zur Gestaltung des Unterrichts und stellt die Bedeutung der Aktivierung der Methodenkompetenz der Lernenden in den Fokus, um im Sinne von kollaborativem Miteinander sowie unterstützt von Struktur und Rhythmus wirksam zu werden.

- Stauffacher-Birrer (2019) möchte mit seinen digitalen Tools, die im Austausch mit KollegInnen entstanden sind, Mut machen, sich auf das Projekt E-Learning einzulassen und Neues auszuprobieren. Die Auseinandersetzung mit den einzelnen Tools geschieht anhand der bereits erwähnten Bloom'schen Taxonomiestufen. Alle im Buch beschriebenen Tools und die dazugehörigen Beispiele können auf der Webseite www.durchstarten-tools.ch abgerufen und heruntergeladen werden.

- Klein (2021) präsentiert einen gut strukturierten Überblick von kreativen Webinar-Methoden und ihren Einsatz in Live-online-Trainings, der in der ersten Auflage bereits vor der Corona-Krise im Jahr 2015 erschien und jetzt seine vierte Auflage erfährt. In dem Buch geht es nicht primär um die technische und organisatorische Umsetzung von Webinaren, sondern um die Möglichkeiten, Inhalte lebendig zu transportieren und zu festigen, Lernende aktiv einzubeziehen sowie eine motivierende Lernatmosphäre zu schaffen, in der auch der Spaß am Lernen nicht zu kurz kommt. Die Beschreibungen der alphabetisch sortierten Methoden folgen einem einheitlichen Kriterienraster. Über ein Icon stehen verschiedene Zusatzmaterialien im Internet bereit.

1.4.4 Haltungen und Rollenanforderungen - Weiterbildungspersonal

Typischerweise trifft man in Erwachsenen- und Weiterbildungseinrichtungen auf die Trias von Leitung, hauptamtlichen pädagogischen MitarbeiterInnen, die in der Regel die Funktion von Fachbereichsleitungen übernehmen, und Verwaltung. In den letzten Jahren haben sich allerdings an der Schnittstelle von Pädagogik und Verwaltung auch immer mehr „Mischarbeitsplätze mit Formen der pädagogischen Sachbearbeitung" (Meisel & Sgodda, 2018, S. 1468) entwickelt. Zusätzlich finden sich vor allem im Integrationsbereich auch WeiterbildungslehrerInnen. Daneben gibt es eine große Anzahl von neben- und freiberuflichen sowie zum Teil auch ehrenamtlichen DozentInnen (Nuissl & Pehl, 2004, S. 44). Im Folgenden wird es nicht möglich sein, differenziert nach den aufgeführten Statusgruppen stringent hinsichtlich deren Einstellungen, Rollenanforderungen und Kompetenzen in Bezug auf die Herausforderungen der Digitalisierung einzugehen, da entsprechende Daten nur vereinzelt aus dem insgesamt sehr heterogenen quartären Sektor vorliegen. Wir konzentrieren uns im Folgenden primär auf die hauptberuflichen pädagogischen MitarbeiterInnen. Leider ist die Datenbasis zu der uns interessierenden Fragestellung sehr fragmentarisch; es existieren lediglich vereinzelte kleinere, überwiegend qualitative Untersuchungsergebnisse aus einzelnen Sektoren der Erwachsenen- und Weiterbildung. Gänzlich vermisst werden Längsschnitt-Untersuchungen.

Die Nutzung digitaler Medien beim Weiterbildungspersonal hängt stark von deren Einstellungen und medialen Erfahrungen ab. In der Untersuchung von Rohs et al. (2020a) wird die Frage untersucht, welche Faktoren die medialen Kompetenzen und Einstellungen zur Nutzung digitaler Medien beeinflussen. Gegenstand der empirischen Untersuchung ist die Gruppe von ErwachsenenbildnerInnen in Deutschland. Die Ergebnisse stützen sich auf eine Online-Befragung von 626 Personen im Jahre 2017. Die Resultate bestätigen das Bild einer sehr heterogenen Einschätzung Seites der WeiterbildnerInnen, die starke Ambivalenzen einerseits hinsichtlich der Hoffnungen bezüglich des innovativen Potenzials der digitalen Medien und andererseits in Bezug auf skeptische Perspektiven erkennen lässt. Der mediale Habitus, so die These, zeige die Möglichkeiten und Grenzen des medienpädagogischen Handelns von Lehrenden in der Erwachsenenbildung auf. Der Untersuchung liegt ein medienpädagogisches Kompetenzmodell zugrunde, das vier Dimensionen unterscheidet: die medienbezogene Feldkompetenz, die medienbezogene Fachkompetenz, die mediendidaktische Kompetenz sowie medienbezogene Einstellungen und Selbsteuerung (Abb. 25).

Abbildung 25: Modell medienpädagogischer Handlungskompetenz in der Erwachsenenbildung

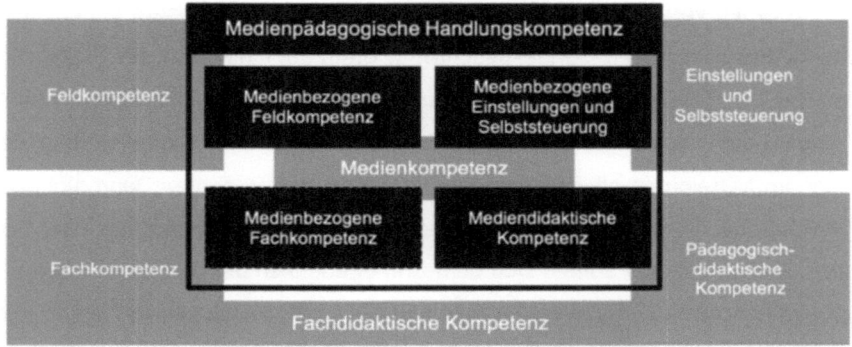

Quelle: Bolten-Bühler 2021, S. 72 nach Schmidt-Hertha et al. 2017, S.36

Aufgrund von Selbsteinschätzungsskalen werden vier Typen von medienbezogenen Einstellungen unterschieden: (a) positiv and chance oriented, (b) cautiously refusing, (c) flatly refusing und (d) reasonably refusing. Je höher das Bildungsniveau war, desto eher wiesen die Befragten eine positive und kritisch reflexive Einstellung gegenüber digitalen Medien auf. Entsprechendes gilt auch für jene, die an einem medienpädagogischen Training teilgenommen hatten. Andere soziodemografische Merkmale, wie bspw. das Alter, bieten keine hinreichenden Erklärungen für die Einstellungsunterschiede. Resümierend kommt die Studie zu der Einschätzung, dass sich die überaus heterogene Landschaft der ErwachsenenbildnerInnen auch in den medienbezogenen Einstellungen widerspiegelt.

Bolten-Bühler (2021) hat anhand von zehn Fallportraits tiefergehende habituelle Prägungen von ErwachsenenbildnerInnen im Umgang mit Medien analysiert. Die Ergebnisse machen deutlich, welchen Einfluss der mediale Habitus auf die individuelle medienpädagogische Professionalisierung von Lehrenden in der Erwachsenenbildung hat. Demnach ist ein mangelnder Medieneinsatz weniger auf fehlende Gelder und hohe Kosten auf Seiten der Institutionen zurückzuführen, sondern hat eher mit einem „Nichtsehen eines erwachsenenpädagogischen Wertes von digitalen Medien" (ebd. 2021, S. 229) zu tun.

Auch die Arbeit von Filzmoser (2021), die sich mit Bildungshäusern (Heimvolkshochschulen) im digitalen Wandel beschäftigt, greift auf ein Modell des digital-medialen Habitus zurück. Ihre Schlussfolgerungen für die strategische Organisations- und Personalentwicklung zielen darauf ab, dass trotz aller Digitalisierung der Mensch im Mittelpunkt aller Bildungsbemühungen stehen sollte. „Denn nicht die Technik soll der Treiber für Veränderungen sein, sondern die Bedürfnisse der Lernenden. Bildungshäuser sollten sich dem Grundgedanken der humanistischen Bildung wieder konsequent zuwenden. Das bedeutet, den Menschen mit seiner Persönlichkeit und seinen Möglichkeiten, die Gesellschaft und seine Welt zu formen, in den Mittelpunkt des Tuns zu stellen. Darin besteht eine zukunftssichernde Chance für Bildungseinrichtungen" (ebd., S. 229). Deshalb empfiehlt Filzmoser anstelle der Bildungsproduktperspektive eine Bildungsprozessperspektive einzunehmen.

Die hier referierten Erkenntnisse sind wenig überraschend und passen in das bisher schon bekannte Bild der Heterogenität und Ambivalenz im quartären Bildungssektor bezüglich der Thematik. Interessant wäre es, mehr über die Einstellungen der Befragten in Abhängigkeit von den Sektoren (Gemeinschaften, Staat, Markt und Unternehmen) der Erwachsenen- und Weiterbildung zu erfahren, in denen die Lehrenden jeweils tätig sind; hierzu liegen allerdings keine Erkenntnisse vor.

Bevor die Aufmerksamkeit auf die Rollenanforderungen und Kompetenzen des Weiterbildungspersonals gerichtet wird, soll zunächst auf die Aufgaben und Herausforderungen der Digitalisierung geschaut werden. Einstimmend dazu wird ein utopischer Blick aus der Vergangenheit aufgriffen. Noch bleibt die von Kurd Laßwitz aus dem Jahre 1899 stammende futuristische Beschreibung der Fernschule im Jahre 1999 (Kap.1.2) gegenüber der heutigen Realität zurück. Einerseits hat Laßwitz die Miniaturisierung der Technik unterschätzt, andererseits ist die Bestimmung physischer und psychischer Indikatoren für das Lernen noch nicht realisiert.

ISÖ
Institut für
Sozialökologie

In der utopischen Geschichte sind die „Sessel, auf denen die Schüler ruhen, (...) in sinnvollster Weise mit selbstthätigen (sic!) Meßapparaten versehen, die das Körpergewicht, den Pulsschlag, Druck und Menge der Ausatmung, den Verbrauch von Gehirnenergie anzeigen. Sobald die Gehirnenergie in dem statthaften Maß aufgezehrt ist, läßt der Psychograph die dadurch eingetretene Ermüdung erkennen, die Verbindung zwischen Schüler und Lehrer wird automatisch unterbrochen und der betreffende Schüler damit vom weiteren Unterricht dispensiert. Sobald ein Drittel der Klasse auf diese Weise ‚abgeschnappt' ist" wird die Stunde beendet. Der Lehrer ist zusätzlich mit einer „Gehirnschutzbinde" ausgestattet, er wird dadurch „vor der Gefahr bewahrt, in der Schule mehr Gehirnkraft zu verschwenden, als der Fähigkeit der Schüler" und seiner „eigenen Gehaltsstufe" entspricht (Laßwitz 1982, S. 73f.).

Die Schilderungen von Kurd Laßwitz beschreiben auf einer physiologischen Ebene, was an Daten über Lernprozesse relevant sein kann. Wenn diese Parameter durch Daten aus der Lernumgebung sowie Daten zur Abfolge von kognitiven Denkoperationen als Folge der Reaktion auf Aufgabenstellungen und deren Lösungsversuche einerseits und emotionale Parameter andererseits ergänzt werden und ein/e virtuelle/r TutorIn damit gefüttert wird, erübrigt sich die Frage nach der adäquaten Entlohnung der Lehrerin/des Lehrers, weil diese/r dann in der Tat überflüssig würde. Die Frage ist allerdings, ob ein solches Lernen erstrebenswert ist oder ob es nicht zu einer Entmündigung des Lerners führt (Thiel 2016).

Der Begriff *adaptives Lernen* steht für die Anpassung einer sich permanent ändernden Lernsituation, an unterschiedliche Lernverständnisse, Lehrmethoden und -inhalte in Abhängigkeit von dem didaktischen Ziel sowie den Fähigkeiten und Fertigkeiten der Lernenden. Beim adaptiven Lernen wird heute schon eine Unmenge an Daten über das individuelle Lernverhalten generiert; über Algorithmen werden Erkenntnisse zum individuellen Lernen gewonnen. So wird es möglich, die individuellen Stärken und Schwächen der Lernenden zu erkennen und anschließend in die

Lernsteuerung einzubringen. Die Vorstellungen gehen dahin, dass bereits in absehbarer Zeit „humanoide Computer als digitale Lernpartner unsere personalisierten Lernprozesse begleiten" (Sauter 2016, S. 34).

Hieraus ergeben sich mehrere Fragenkomplexe:

Wie passt ein solches Lernen zu dem *Selbstverständnis und den Werten* der Weiterbildungsanbieter? Können auf diese Weise jenseits der Wissensaneignung überhaupt Haltungen und Kompetenzen erworben werden? Wird ein solches Lernen dem Anspruch auf gesellschaftliche Teilhabe in einer demokratischen Gesellschaft gerecht?

Werden erwachsene Lernende bereit sein, sich freiwillig auf ein adaptives Lernen einzulassen? Was bedeutet es für Lernende, wenn sie sich einem System anvertrauen, das sie in seinen Operationen und Algorithmen nicht hinterfragen, nicht verstehen und auch nicht nachvollziehen können (Krotz 2016, S. 26)? Wie lässt sich hier der *Anspruch nach einem autonomen und selbstverantworteten Lernen* einlösen?

Kann ein Lernender sicher sein, dass er über seine im Lernprozess gewonnenen Daten verfügen kann? Wie lassen sich in einer globalisierten Bildungswelt amerikanische Firmen auf *europäische Datenschutzrichtlinien* verpflichten? Wer verhindert, dass die gewonnenen Daten nicht an Dritte, wie z. B. Personalvermittler und potenzielle Arbeitgeber, weitergegeben werden und eine Ausbeutung persönlicher Datenprofile stattfindet?

Die zukünftigen Aufgaben bestehen darin, Mediatisierungspfade zu entwickeln, die befriedigende Antworten auf die aufgeworfenen Fragen geben. Dabei können Pilotprojekte oder soziale Start-ups helfen, wie z. B. das der Bildungsplattform „Kiron Open Higher Education"; Kiron unterstützt talentierte junge Menschen, die geflüchtet sind, bei der Vorbereitung auf ein Studium und beim Zugang zu einer Hochschule in Deutschland. Das Angebot basiert auf Online- und Offline-Elementen, ist gebührenfrei, ortsungebunden und kann unabhängig vom rechtlichen Status genutzt werden. Hierfür wurden eine eigens konzipierte digitale Bildungsplattform sowie ergänzende Angebote wie etwa Sprachkurse, aber auch Mentoring- und Buddy-Programme entwickelt. Zusätzlich schafft Kiron einen Zugang zu physischen Lernorten, sogenannten Study Hubs. Das Bundesministerium für Bildung und Forschung fördert die Bildungsplattform im Verbund mit den Partnerhochschulen RWTH Aachen und der Fachhochschule Lübeck. In einem Pilotvorhaben wurden die Möglichkeiten der Integration und Teilhabe von Geflüchteten im Rahmen von digitalen Lehr- und Lernszenarien getestet, und das Potenzial dieses Ansatzes wird für die Ansprache von Studieninteressenten aus dem Ausland ausgelotet (Rampelt et al. 2018).

Intelligente Verknüpfungen von analogen und digitalen Lehr-Lern-Arrangements können Räume und Zeiten für neue Erfahrungen eröffnen, in denen sich Menschen mit Freude und Begeisterung kollaborativ und reflexiv auf „Bildungsreisen" zur Erkundung der individuellen, sozialen und gesellschaftlichen Innen- und Außenwelt begeben. Über die dialogische Begegnung können sie sich Haltungen, Fähigkeiten und Kompetenzen erschließen, neue Chancen auf berufliche, kulturelle und soziale Teilhabe eröffnen und Möglichkeiten zur Gestaltung der eigenen Lebenswelt realisieren. Wenn dabei noch bestehende institutionelle, Fach-, Alters- sowie soziale und andere Grenzen überschritten werden, so ist dies ausdrücklich zu begrüßen.

Die Tendenz zu individuelleren und flexibleren Lernsettings wird durch eine zunehmend mediatisierte Bildungswelt befördert. Die Lernenden avancieren zu Wissenskonstrukteuren und möchten just in time das lernen, was sie benötigen. In diesem Kontext ändern sich sowohl die Rollen der Lehrenden, die zunehmend zur/zum MentorIn, BeraterIn und Coach, Lernvideo-GestalterIn, KulturentwicklerIn, LerndesignerIn und agilen LernbegleiterIn werden, als auch die der hauptamtlich disponierenden pädagogischen FachbereichsleiterInnen. Diese haben es mit neuen kom-

plexen Aufgaben- und Problemstellungen zu tun, die zunehmend durch unvorher-
sehbare Veränderungen gekennzeichnet sind, auf die es flexibel und adäquat zu
reagieren gilt (Schäfer 2019, S. 56, 59)[19].

Damit das Weiterbildungspersonal den skizzierten Herausforderungen begegnen,
kann, ist es hilfreich „den mentalen und strukturalen Betriebscode" (Scharmer
2019, S. 146) der Erwachsenen- und Weiterbildungseinrichtungen zu aktualisieren".
Doch wie sieht dieser gegenwärtig aus? Scharmer unterscheidet bezogen auf die
Gesellschaft insgesamt sowie unterschiedliche gesellschaftliche Sektoren vier Be-
triebssysteme. Für den Bereich Bildung und Lernen sieht er eine Entwicklung vom

- „Betriebssystem 1.0: *input-zentriertes Handeln*, das um traditionelles Lehren
  und Lernen kreist, über das

- Betriebssystem 2.0: *output-zentriertes Handeln*, das um standardisierte Cur-
  ricula und prüfungsorientiertes Lehren [...] kreist, über das

- Betriebssystem 3.0: auf den *Lernenden zentriertes Handeln*, bei dem die Neugestaltung von Lernumfeldern an der Erfahrung des Lernenden ausgerichtet
  ist, zum

---

[19] Oliver Ruf skizziert in einem Interview zu seinem 2021 erschienenen neuen Buch „Die digitale Universität" wie sich auch im Hochschulbereich die Rolle der Lehrenden verändern
sollte: „Im Buch gehe ich in mehreren Passagen auf Jacques Rancières Überlegungen aus
Le maître ignorant (1987) ein", in dem er eine emanzipierte Hochschullehre skizziert. Gezielt wird auf eine wünschbare Lehr-Lern-Beziehung, in der es darum geht, wie durch An-
weisungen (oder Aufträge) Wissen, Fähigkeiten und Erkenntnisse erworben werden können: „ohne die Notwendigkeit von Erklärungen"! Dahinter zeigt sich eine, wie auch ich sie
nennen würde, ‚virtuelle Befähigung', die auch die digitale Universität in ihrer Revolutionali-
tät und Radikalität auszeichnet. Es ist der bewusste Verzicht auf eine hierarchisch-erklä-
rende Beziehung bei gleichzeitigem Vertrauen in die Fähigkeiten der Lernenden. Diese Beziehung entsteht hier explizit nicht durch den Kontakt zu festgelegten Zeiten in festgelegten Räumen, sondern durch die wiederkehrende Möglichkeit, die eigenen Fähigkeiten aus-
zubilden – „zu verstehen, was andere gemacht und verstanden hatten", wie es bei Rancière
heißt, und zwar „ohne erklärenden Lehrmeister", sondern „durch die Spannung" des „eigenen Begehrens". (https://geschichtedergegenwart.ch/die-universitaet-als-aesthetisch-di-
gitaler-raum-ein-gespraech-mit-oliver-ruf/#scroll_to_steady_paywall)

- Betriebssystem 4.0: Lernende mit den *Kreativitätsquellen* und dem eigentlichen Kern unseres Menschseins verbinden und ihnen ermöglichen, dass sie lernen, Zukunftsmöglichkeiten gemeinsam zu erspüren und in die Wirklichkeit zu bringen." (Scharmer, 2019, S. 157f.)

Mit den verschiedenen Betriebssystemen sind auch unterschiedliche Rollenverständnisse des Weiterbildungspersonals verbunden. Bezogen auf die Erwachsenenbildung haben wir es

- im Betriebssystem 1.0 überwiegend mit einer/einem *SozialtechnologIn* zu tun, der/dem es um Rezepte für die KlientInnen geht,

- im Betriebssystem 2.0 tendenziell mit einer/einem *VerhaltenstrainerIn*, die/den Maßnahmepläne interessieren,

- im Betriebssystem 3.0 schwerpunktmäßig mit einem *Lerncoach*, für den Reflexionsprozesse wichtig sind, und

- im Betriebssystem 4.0 mit einer/einem *GeburtshelferIn* für das Neue, die/der Wert auf Prozesse der Selbsttransformation legt.

Die Erwachsenenbildung kann sich auf allen Ebenen wiederfinden und ist überwiegend sicherlich heute dem Betriebssystem 2.0 und 3.0. zuzuordnen. Was der Übergang zum Betriebssystem 4.0 für die Praxis der Bildungsarbeit bedeuten kann, gilt es noch gemeinsam zu erkunden.

Mit Blick auf die Digitalisierung lässt sich das neue Rollenverständnis weiter präzisieren:

- Auf *Medienplattformen* werden Lehrende zu didaktischen DesignerInnen und KuratorInnen, die Materialien „entlang bestimmter Lehrziele sequenzieren, bearbeiten und montieren" (Kerres & Buntins 2020, S. 18),

- auf *didaktisch-methodischer Ebene* benötigen Lehrende zunehmend Weiterbildungen in Fragen der Medienkompetenz (Abb. 26) und

ISÖ
Institut für
Sozialökologie

- auf *organisatorischer Ebene* gilt es die intermediäre Funktion des hauptberuflichen Weiterbildungspersonals im Zuge der digitalen Transformationsprozesse konzeptionell stärker zu präzisieren (Alke & Rauber 2020, S. 59).

Wie die Ergebnisse der wbmonitor Umfrage 2019 (Christ et al. 2020, S. 28) zeigen, schätzen die Lehrenden die verschiedenen Aspekte digitaler Kompetenzen sehr unterschiedlich ein. Insbesondere die Gegenüberstellung der Einschätzung der aktuellen Kompetenzen des Personals und der Beurteilung der Bedeutung bei der Rekrutierung von künftigem Personal vermag Aufschlüsse darüber zu geben, wie es um den aktuellen Stand der Kompetenzen der Lehrenden und den diesbezüglichen Bedarf bzw. die Erwartungen der Einrichtungen steht. Besonders eklatant sind die Befragungsergebnisse bezüglich der Weiterbildung eigener digitaler Kompetenzen.

Abbildung 26: Digitale Kompetenzen Lehrender

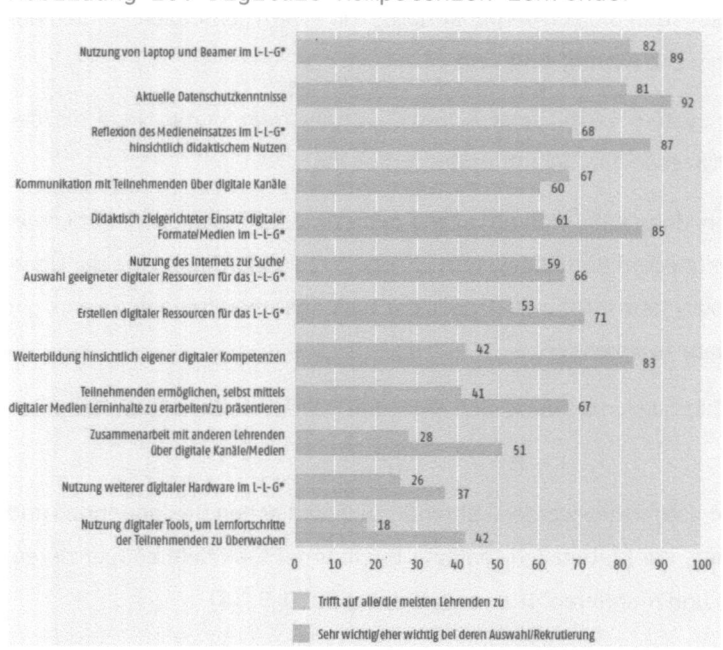

Quelle: Christ et al. 2020, S. 28

ISÖ
Institut für
Sozialökologie

Angesichts der aufgezeigten Defizite ist es interessant zu erfahren, welche Maßnahmen von den Erwachsenen- und Weiterbildungseinrichtungen zur Verbesserung der digitalen Kompetenzen Lehrender ergriffen werden (Abb. 27).

Abbildung 27: Maßnahmen der Einrichtungen zur Verbesserung der digitalen Kompetenzen Lehrender

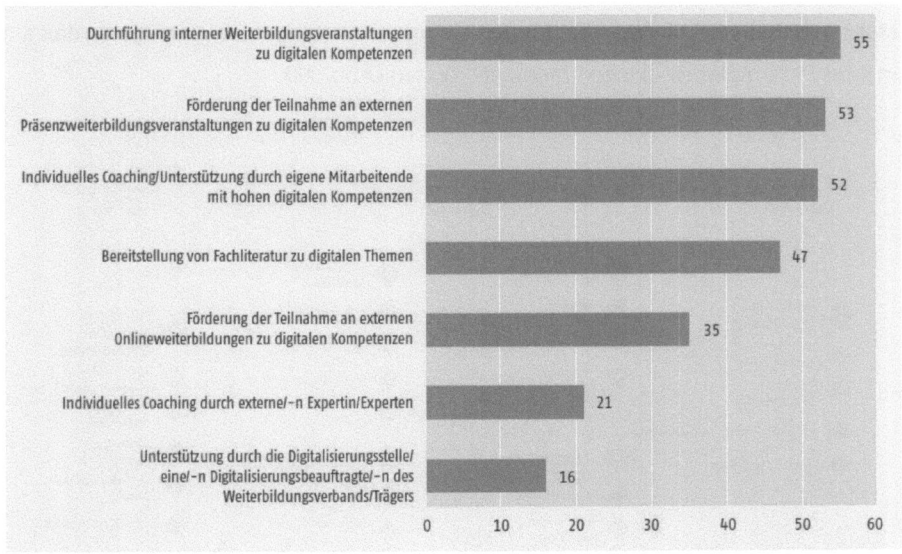

Quelle: Christ et al. 2020, S. 32

Interne Weiterbildungsveranstaltungen sind das am häufigsten praktizierte Mittel zur Verbesserung der digitalen Kompetenzen. Bei externen Veranstaltungen werden Präsenzweiterbildungsveranstaltungen (53%) den Onlineweiterbildungen (35%) deutlich vorgezogen. Fast genauso häufig wie interne (55%) und externe (53%) Weiterbildungen wird auf kollegiale Unterstützungssysteme wie das individuelle Coaching durch eigene Mitarbeitende (52%) zurückgegriffen. In den Einrichtungen besteht bei dem Weiterbildungspersonal nicht nur ein hoher Bedarf hinsichtlich digitaler Kompetenzen; dieser ist im Kontext eines insgesamt hohen Bedarfs an Professionalitäts- und Organisationsentwicklung zu verorten (Alke & Rauber 2020, S. 58). Dies macht es erforderlich, ausreichende Zeitressourcen für Weiterbildung im Berufsalltag für das hauptberufliche Personal zu schaffen, damit sich dieses auf die Veränderungen der Digitalisierung einstellen und diese erfolgreich bewältigen kann.

Mit dem European Digital Competence Framework for Educators (Redecker 2017) steht den Weiterbildungseinrichtungen ein Instrumentarium zur Verfügung, das sie in ihrer Personalentwicklung einsetzen können (Abb. 28).

Abbildung 28: Europäischer Kompetenzrahmen für Lehrende

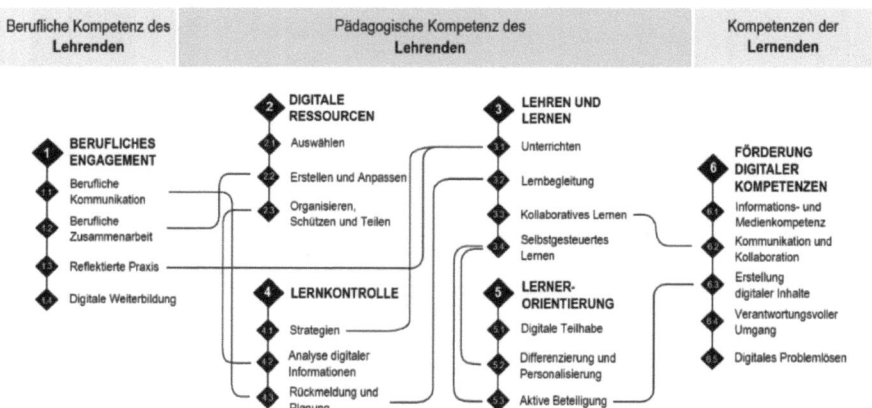

Quelle: Eickelmann & Drossel 2020, S. 352

Die einzelnen 22 aufgelisteten elementaren Kompetenzen lassen sich sechs Kompetenzstufen zuordnen. Auf diese Weise entsteht ein Vorschlag zur Klassifikation digitaler Kompetenzen anhand einer Typologie, die vom Newcomer, Entdecker, Entwickler, Experten, über den Profi bis hin zum Pionier reicht (Abb. 29). Da die Kompetenzstufen nicht auf der Grundlage empirischer Daten ermittelt wurden, liegen keine Erkenntnisse dazu vor, wie viele Lehrkräfte sich jeweils den Kompetenzstufen zuordnen lassen. Das Modell wurde zwar für den Schulbereich entwickelt, zwischenzeitlich aber auf andere Bildungsbereiche angepasst.[20]

Abbildung 29: Typisierung von Lehrkräften hinsichtlich ihrer digitalen Kompetenz

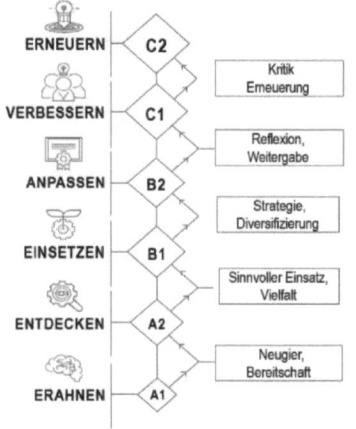

Pioniere (C2) sind **Experten**, die innovative digitale pädagogische Strategien entwickeln und Vorbild sind.

Profis (C1) verfügen über ein breites Repertoire an digitalen Strategien und inspirieren andere.

Experten (B2) nutzen eine Vielfalt digitaler Medien kompetent, kreativ und kritisch. Sie erweitern kontinuierlich ihr Repertoire an digitalen Praktiken.

Entwickler (B1) setzen digitale Medien in verschiedenen Kontexten und zu unterschiedlichen Zwecken ein und entwickeln ihre digitalen Strategien weiter.

Entdecker (A2) haben angefangen digitale Medien einzusetzen, ohne jedoch einen umfassenden oder konsistenten Ansatz zu verfolgen.

Newcomer (A1) haben bisher wenig Erfahrung und benötigen umfangreichere Hilfestellungen, um digitale Medien zu nutzen.

Quelle: Eickelmann & Drossel 2020, S. 353

Bildung ist Beziehungsarbeit im Dialog von Lehrenden und Lernenden. Dass die Dozierenden in der Weiterbildung aus Sicht der AdressatInnen als der Garant für Qualität angesehen werden, gilt als empirisch gesichert. Im Mittelpunkt steht die Beziehungsgestaltung als Anforderung an gute Bildungsarbeit. Lehrende in der Erwachsenenbildung sind sich der Bedeutung ihrer Wirksamkeit bewusst, getreu dem Motto „Know thy impact", um mit Hattie (2009) zu sprechen.

---

[20] Das DigCompEdu CheckIn Tool existiert in drei auf den jeweiligen Bildungsbereich angepassten Versionen: für Lehrende an allgemein- oder berufsbildenden Schulen: http://europa.eu/!cG34MH; für Lehrende an Hochschulen oder Fachhochschulen: http://europa.eu/!gh46kD sowie für Lehrende in der Erwachsenenbildung: http://europa.eu/!ut86vP.

Die/der persönliche BegleiterIn im Lernprozess bleibt unverzichtbar. Es wird zukünftig nicht darum gehen, der digitalen Technik anstelle des persönlichen Lernbegleiters die Verantwortung für den Lernprozess zu überlassen; umgekehrt geht es darum, dass die Technik der/dem ErwachsenenbildnerIn mehr Optionen zur professionellen Gestaltung des Lernprozesses anbietet, was gleichzeitig eine Steigerung der konzeptionellen Überlegungen zur Gestaltung der Lehr-Lern-Arrangements mit sich bringt. Diese leben von der Ausgewogenheit von Inhalten, Anleitung, Ritualen, und Selbstständigkeit (Helmke 2006). Zu einer guten Bildungsarbeit gehört ihre methodisch-didaktische Reflexion, unabhängig davon, ob sie in physischer oder virtueller Anwesenheit stattfindet. Die virtuelle Lernwelt bedarf ebenso wie die traditionelle der Anbindung an pädagogische Grundlagen. In beiden Lernwelten geht es darum, zu experimentieren und so den eigenen Handlungsraum zu erweitern und zu bereichern. Ein Entweder-digital-oder-Präsenz-Szenario würde in die Irre führen. Hanstein & Lanig (2020, S. 326f.) stellen an das Ende ihrer Ausführungen zum digitalen Lernen die Hoffnung, dass auch nach Corona berücksichtigt wird, was für eine gute Bildung wichtig ist, nämlich Feedback und Evaluation. „So kann und wird (...) virtuelles und hybrides Lehren und Lernen zum *WIR-tuellen* Erfolg werden!"

Neben der Kombination von traditionellen und digitalen Lernformen „kommt es darauf an, in geeigneter Weise (...) sowohl das Lernen im Prozess der Arbeit als auch das Lernen in interdisziplinären Teams professionell zu unterstützen" (Vereinigung der Bayerischen Wirtschaft 2018, S. 213) und hierfür Reflexionsräume zu schaffen.

Abschließend sollen für den Bereich der Entwicklung der digitalen Kompetenzen des Weiterbildungspersonals noch Best-Practice-Beispiele genannt werden:

- Die „Werkstatt Digitale Formate" der Supportstelle Weiterbildung innerhalb der Qualitäts- und UnterstützungsAgentur des Landesinstituts für Schule NRW bietet eine Qualifizierungsreihe zur Digitalisierung für Beschäftigte in Einrichtungen der gemeinwohlorientierten Weiterbildung an; diese richtet sich an hauptamtlich pädagogisch Mitarbeitende, die in einer nach dem WbG

NRW anerkannten Weiterbildungseinrichtung in Nordrhein-Westfalen beschäftigt sind." https://www.supportstelle-weiterbildung.nrw.de/supportstelle/qualifizierungsangebote/werkstatt-digitale-formate/index.html

- Der EBmooc ist ein offener Onlinekurs (MOOC) für die Erwachsenenbildung in Österreich und vermittelt ErwachsenenbildnerInnen in Lehre, Training und Bildungsmanagement das Wichtigste zum digitalen Arbeiten in deren Praxis. https://erwachsenenbildung.at/ebmooc/

- Der EBmooc plus 2020: Die digitale Praxis für ErwachsenenbildnerInnen ist ein Angebot von CONEDU in Kooperation mit der TU Graz und WerdeDigital.at. https://imoox.at/mooc/local/courseintro/views/startpage.php?id=77&lang=es und bietet einen Onlinekurs für ErwachsenenbildnerInnen an: https://www.conedu.com/portfolio-item/ebmoocplus/[21]

- Blended Learning Coaches. Konzept für eine Fortbildung für KursleiterInnen an sächsischen Volkshochschulen[22]: https://www.vhs-sachsen.de/themen/projekte/blended-learning-coaches/

- Henschler, Julia (2019): Onlinegestützte Angebote an Volkshochschulen. Leitfaden zur Konzeption und zum Umgang mit onlinegestützten Kursen. Chemnitz: Sächsischer Volkshochschulverband. https://www.vhs-sachsen.de/fileadmin/user_upload/Dokumente/Henschler_Leitfaden_web.pdf

- Das Projekt "vhs.now" bietet allen Volkshochschulen und Landesverbänden eine Vielzahl an Diensten, Materialien und Unterstützung in der Umsetzung digitaler Lehr- und Lernsettings sowie digitaler Konzepte an. Hierzu gehört

---

[21] Im Dezember 2020 wurde das Projekt EBmooc plus 2020 vom Deutschen Institut für Erwachsenenbildung mit dem „Preis für Innovation in der Erwachsenenbildung" ausgezeichnet.

[22] Im Dezember 2020 wurde die Fortbildung „Coaches für Online-Lernen" der VHS Leipzig vom Deutschen Institut für Erwachsenenbildung mit dem „Preis für Innovation in der Erwachsenenbildung" ausgezeichnet.

ISÖ
Institut für
Sozialökologie

auch das Angebot der vom DVV ausgebildeten Mediencoaches. Diese können auf unterschiedlichen Ebenen eingesetzt werden. Sie können die Einrichtung in ihrem Organisationsentwicklungsprozess unterstützen, das pädagogische Leitungspersonal darin begleiten, das Potenzial des Einsatzes digitaler Medien auszuloten bzw. Lehrende dabei begleiten, die (medien-)didaktischen Ziele eines Kurses auszuloten.
https://www.vhs.cloud/wws/9.php#/wws/services.php

- wb-web ist ein Onlineportal, das mit offenen, frei nutzbaren Inhalten die Kompetenzentwicklung und Professionalisierung von Lehrenden der Erwachsenen- und Weiterbildung unterstützt. Es wird betrieben vom Deutschen Institut für Erwachsenenbildung. https://wb-web.de/aktuelles/digital-wenn-nicht-jetzt-wann-dann.html. Das aus zwölf Folgen bestehende Dossier „Digitalisierung in der Erwachsenenbildung" innerhalb des wb-web bietet praktische Hilfen von den rechtlichen Grundlagen über Tipps für Präsentationen und Handouts bis zu digitalen Werkzeugen. https://wb-web.de/dossiers/Digitalisierung-in-der-Erwachsenenbildung-1.html

- EPALE - Electronic Platform for Adult Learning in Europe: https://epale.ec.europa.eu/en

- Das Lehrvideoportal des Zentrums für pädagogische Berufsgruppen- und Organisationsforschung der FernUniversität in Hagen (ZeBO Hagen). https://fernuni-hagen.de/zebo/lehrvideos/index und der Youtube-Kanal der FernUniversität in Hagen: https://e.feu.de/youtubemeetandreadexperts

- Der von Dieter Nittel initiierte Youtube-Kanal „Dialog Erwachsenenbildung": https://www.youtube.com/channel/UC1k0FHai_lhT5GS99s0asPA

- Das Learning Lab der Universität Duisburg-Essen bietet den einjährigen Hochschulzertifikatskurs "Mediencoach" an; er offeriert auf unterschiedlichen Ebenen den Erwerb von Kompetenzen für ein Lernen in der digitalen Welt. https://learninglab.uni-due.de/neuigkeit/12025

- UNBLACK THE BOX ist eine im Jahr 2019 gegründete Netzwerkinitiative von Wissenschaftlerinnen aus verschiedenen Disziplinen, die das Ziel verfolgt, Bildungseinrichtungen, Lehrkräfte und DozentInnen zu befähigen, der wachsenden Verdatung und Digitalisierung von Bildung auch ohne umfangreiche informatische Kenntnisse mit aufgeklärter, kritisch-bewusster Entscheidungs- und Gestaltungsfähigkeit zu begegnen. Die Protagonistinnen wollen dazu beitragen, ein grundsätzliches Verständnis für die Logiken, Prozesse und gesellschaftliche Zusammenhänge von Datafizierung und Digitalisierung, Algorithmen und KI zu schaffen. Der Fokus ist dabei auf die nachhaltige demokratisch orientierte Gestaltung von Bildung im digitalen Zeitalter ausgerichtet. Es soll ein ganzheitlicher, kritisch-reflektierenden Blick auf Funktionsweisen und Wirkmechanismen von Daten(technologien) in bildungspraktischen und bildungssteuernden Kontexten vermittelt und Bildungsinstitutionen bzw. Lehrenden Werkzeuge der bewussten, kreativen Gestaltung von Datentechnologien an die Hand geben werden. https://unblackthebox.org/

- Learn2Analyze (L2A) ist eine Wissensallianz zwischen Wissenschaft und Industrie zur Verbesserung der Kompetenzen von Online Training Professionals (Instructional Designers and e-Trainers) in der Analyse von Bildungsdaten, die von der Europäischen Kommission im Rahmen des Erasmus+ Programms der Europäischen Union kofinanziert wird. Im Learn2Analyze MOOC werden in verschiedenen Modulen Kenntnisse und Fähigkeiten zur Bildungsdatenkompetenz vermittelt (Abb. 30). Der Kurs schließt mit einem Zertifikat ab und wird auf zwei Niveaustufen angeboten.

Abbildung 30: Inhalte des Learn2Analyze MOOC

Quelle: https://learn2analyse.eu/

1.4.5 Erwartungen, Kompetenzen und Partizipationschancen –
TeilhaberInnen

Dieser Abschnitt trägt im Titel bewusst die Bezeichnung „Teilhabende" und nicht „TeilnehmerInnen, wie es sonst häufig heißt. Auf den Trend zum selbstorganisier-ten Arbeiten und kollaborativen Lernen (Kap. 1.4.1) im Kontext der Bemühungen um eine stärkere Digitalisierung wurde bereits hingewiesen. Ebenso auf die verän-derte Rolle der Lehrenden (Kap. 1.4.4). Dies bleibt nicht ohne Auswirkungen auf das Verständnis von den Lernenden.

Von Horst Siebert, einem der ersten Lehrstuhlinhaber für Erwachsenenbildung, stammt der Ausspruch „Menschen sind lernfähig, aber unbelehrbar", den er zu ei-nem Buchtitel gemacht hat (Siebert 2015). Mit dieser Aussage, die den Beruf der Erwachsenenbildnerin/des Erwachsenenbildners keineswegs infrage stellt, knüpft er an einen Gedanken an, den bereits vor über 400 Jahren Galileo Galilei formulierte, als er sagte: „Man kann den Menschen nichts beibringen. Man kann ihnen nur hel-fen, es in sich selbst zu entdecken" (Koop & Riefling 2017, S. 38).

Da der Mensch aufgrund der operationalen Geschlossenheit seines Gehirns zwar lernfähig, aber unbelehrbar ist, trägt er die Verantwortung für seinen Lernprozess, den er nicht konsumieren, sondern nur selbst aktiv gestalten kann. Lernen bedeutet, selbst die Verantwortung für seinen Lernprozess zu übernehmen. Das komplexe Wechselverhältnis von Lehrenden, Lernenden und Gruppe im Prozess des Organisierens und Steuerns von Lernen ist stets auf das Selbst zu beziehen. Mit „organisieren" ist gemeint, einen Vorgang zu konstruieren, und „steuern" meint, einen konstruierten Vorgang zu gestalten.

Lernen ist *selbstorganisiert*, wenn es sowohl die kontextuellen Rahmenbedingungen als auch die inhaltliche Ausgestaltung in eigener Zuständigkeit kreiert. Es ist *selbstgesteuert*, wenn es ein durch andere geschaffenes Lernsetting ausgestaltet.

Dabei ist zwischen der äußeren Ausgestaltung in Form von Inhalt, Raum und Zeit sowie der Zusammensetzung der Gruppe und der inneren Ausgestaltung durch die Öffnung des Denkens, Fühlens und Wollens zu unterscheiden.

Da Bildung kein triviales Gut ist, sondern immer eine Koproduktion, sind Einrichtungen, DozentInnen wie auch TeilnehmerInnen für die Qualität ihrer Weiterbildung verantwortlich. Der Begriff des Kunden/der Kundin leitet deshalb in die Irre, aber auch der Begriff des Teilnehmenden ist nicht zutreffend. Um die gemeinsame Verantwortung für die Weiterbildung zum Ausdruck zu bringen, sollte besser von Beteiligten bzw. *TeilhaberInnen* gesprochen werden, wenn von dem Personenkreis die Rede ist, der ein Weiterbildungsangebot aufsucht, um sich neue Fähigkeiten und Fertigkeiten anzueignen.

Die Verwendung des Begriffs der TeilhaberInnen erfolgt in Anlehnung an die Überlegungen von Haley (1978) und Schulz von Thun (1993) sowie die Begrifflichkeiten der Resonanzpädagogik (Rosa & Enders 2016) zur Klassifikation von Beziehungen. Für Lernprozese lassen sich fünf Beziehungsmuster unterscheiden, die ein lernen-

ISÖ
Institut für
Sozialökologie

des Subjekt zu sich, anderen und den Lerngegenständen einnehmen kann, nachdem eine erste Kontaktaufnahme, die in der Regel dem eigentlichen Lernprozess vorgeschaltet ist, stattgefunden hat:

- Unbeteiligtsein,

- Teilnehmerschaft im Widerstand,

- Teilnehmerschaft,

- Beteiligtsein sowie

- Teilhaberschaft (Schäfer 2017a, S. 73ff.; hier finden sich auch die genauen Beschreibungen was unter den Bezeichnungen verstanden wird).

Die ersten beiden Beziehungsmuster, Unbeteiligtsein und Teilnehmerschaft im Widerstand, lassen sich mit den Bergriffen der Resonanzpädagogik unter dem Topos des *Repulsionsmodus* zusammenfassen. Damit wird ein Weltverhältnis bezeichnet, das auf „wechselseitiger Zurückweisung, auf Widerstand und auf Feindschaft beruht" (Rosa & Enders, 2016, S. 125).

Die Teilnehmerschaft beschreibt eine eher gleichgültige Haltung zu einer Sache oder einem Menschen. Die Resonanzpädagogik spricht deshalb vom *Indifferenzmodus*.

Demgegenüber sind die Beziehungsmuster des Beteiligtseins und der Teilhaberschaft dem *Resonanzmodus* zugehörig; hier ist die Kundin/der Kunde der Weiterbildung zur Koproduzentin/zum Koproduzenten im Lernprozess geworden.

Im AES wird die Weiterbildungsbeteiligung nach drei Segmenten differenziert: Der größte Teil aller Weiterbildungsaktivitäten entfällt konstant über die verschiedenen Untersuchungszeitpunkte zwischen 2012 und 2018 auf die betriebliche Weiterbildung. Die Teilnahmequote an betrieblicher Weiterbildung liegt im Jahr 2018 bei 40 %. In diesem Bereich ist ein prägnanter Anstieg gegenüber 2016 zu verzeichnen; demgegenüber sind die Quoten in der individuellen berufsbezogenen Weiterbildung

ISÖ
Institut für
Sozialökologie

und in der nicht berufsbezogenen Weiterbildung im Trendvergleich leicht rückläufig bzw. konstant.

Ein Blick auf die Weiterbildungsbeteiligung bei verschiedenen Personengruppen offenbart Unterschiede, u.a. in Abhängigkeit vom Erwerbstatus, der beruflichen Stellung, dem Haushaltseinkommen, dem Alter und dem Bildungsabschluss. Das Geschlecht als solches – unabhängig von den genannten Faktoren – hat keinen eigenständigen Einfluss auf die Weiterbildungsbeteiligung (Kuper 2019, S. 746).

Im AES-Trendbericht finden sich Ergebnisse zur Mediennutzung im Rahmen des informellen Lernens; demnach findet derzeit knapp jede dritte diesbezügliche Bildungsaktivität mit digitalen Medien statt (BMBF 2019, S. 5, 58f.). Ausführliche Ergebnisse zur Digitalisierung in der Weiterbildung liefern die Ergebnisse einer Zusatzstudie zum Adult Education Survey 2018 (BMBF 2020). Unter *„Weiterbildung mit digitalen Medien"* werden darin jene Weiterbildungen verstanden, die „digitale Medien in einem substanziellen Ausmaß in einem Kontext von Weiterbildung entweder a) für die Informations- und Kommunikationskomponente und/oder b) um Lernprozesse zeit- und ortsunabhängig zu organisieren" (ebd., S. 9) nutzen. Demzufolge sind Bildungsaktivitäten mit digitalen Medien unter Erwachsenen sehr weit verbreitet: Der Anteilswert der Bildungsaktivitäten mit digitalen Medien liegt bei 43 Prozent aller Bildungsaktivitäten (ebd., S. 14); wobei digitale Elemente in der formalen Bildung häufiger genutzt werden als in der non-formalen Weiterbildung. Am häufigsten findet Bildung mit digitalen Medien im Bereich der individuell berufsbezogenen Weiterbildung mit 53 Prozent statt (ebd., S. 50).

Wie die Ergebnisse der wbmonitor Umfrage 2019 (Christ et al. 2020, S. 47) zeigen, bleibt der traditionelle Präsenzunterricht das dominierende Format. Allerding wird der Unterschied zwischen digital und analog nicht als Widerspruch erlebt (BMBF 2020, S. 25); beide Elemente werden von den TeilnehmerInnen als hilfreich bewertet. Hybride Lehr-Lern-Arrangements kennzeichnen zudem längst die Realität der Weiterbildungspraxis und lassen die Grenzen zwischen Präsenz- und Fernunterricht zunehmend obsolet erscheinen.

ISÖ
Institut für
Sozialökologie

Mit Bezug auf die Teilhabenden sind noch weitere Forschungsbefunde zu erwähnen:

- Digitale Kommunikation ist teilweise anstrengender, missverständlicher und aufwendiger (Zoom-Fatigue) (Gollmer 2020; Rump & Brandt 2021).

- Die Hoffnung, dass Online-Lernen die Autonomie der Lernenden erhöht, lässt sich nicht belegen (Grotelüschen 2003).

- Die Begeisterung der Lernenden hält sich in Grenzen.

- In MOOCS gibt es hohe Abbrecherquoten.

- Online-Beratungen unterliegen der Gefahr, soziale Disparitäten zu reproduzieren (Stanik & Mair-Gutheil 2020, S. 57) bieten aber auch einen niederschwelligen Zugang (Knatz 2009, S. 61f.).

- Im Bereich der beruflichen und berufsbezogenen Weiterbildung werden „neue Formen digitaler Lernberatung notwendig, die Lernprozesse mithilfe digitaler Medien beratend begleiten (Stanik & Mair-Gutheil 2020, S. 57).

- Eine systematische Nutzung von Social-Media-Aktivitäten kann Beratungsangebote sichtbarer machen und Zugänge erleichtern (Kettunen et al. 2015, S. 277ff.).

- Komplexe Anliegen sind nicht mithilfe asynchroner Online-Beratungen bearbeitbar (Stanik & Mair-Gutheil 2020, S. 60).

- „Individuen nutzen für sich selbst andere Werkzeuge als die, auf die Unternehmen für die Entwicklung ihres Personals setzen" (Hart 2019, S. 10).

Neben den bereits angeführten Aspekten gilt es einen Generationseffekt zu berücksichtigen. Die jüngeren Gruppen der Teilhabenden weisen eine Mediensozialisation auf, die sich von den vorhergehenden Generationen unterscheiden. Sie sind medienaffiner und zeichnen sich durch ein verändertes Mediennutzungsverhalten aus (Abb. 31).

Abbildung 31: Veränderung des Medienverhaltens

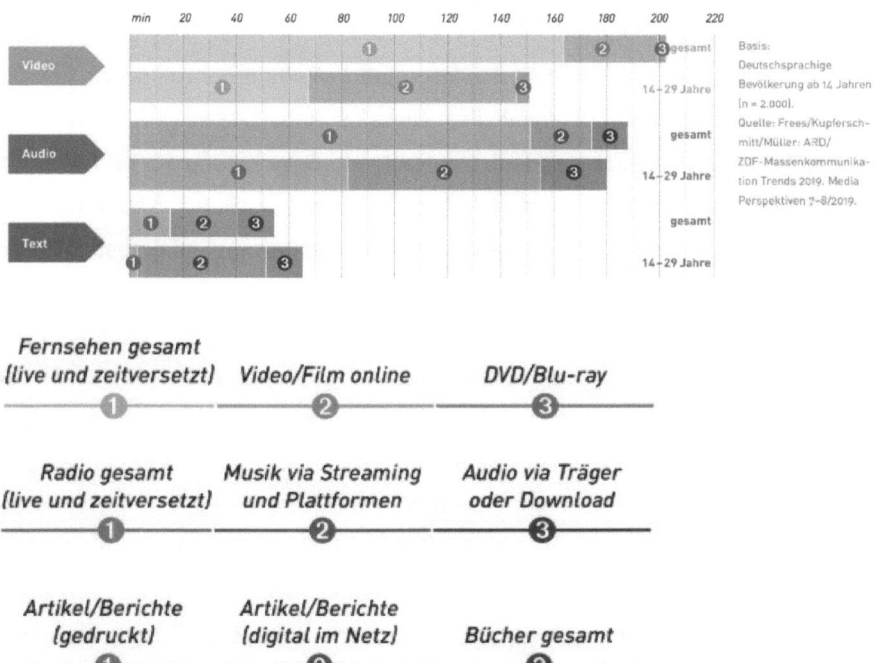

Quelle: Thüringer Landesmedienanstalt 2020, S. 23

Wie die aufbereiteten Daten zur Mediennutzung aus ganz Deutschland aufzeigen, tendiert die Altersgruppe der 14- bis 29-Jährigen dazu, Videos und Filme online zu nutzen, Audiobeiträge stärker zu streamen und Texte digital im Netz zu konsumieren; dies wird bei der Gestaltung digitaler Lehr-Lern-Prozess zunehmend zu berücksichtigen sein.

Allerdings ist die in Mediennutzungsstudien erfolgende Differenzierung von Altersgruppen kein hinreichendes Kriterium, um die Nutzung digital gestützter Weiterbildungsangebote zu prognostizieren; hierauf deuten die Daten des AES hin (Rohs et al. 2020b, S. 368).

Auf die Bedeutung der Medienkompetenz der Teilhabenden wurde bereits hingewiesen (Kap. 1.2). Dass es um diese bei der erwachsenen deutschen Bevölkerung
gar nicht so gut bestellt ist, macht die Studie von Meßmer et al. (2021) deutlich, die
sich mit der digitalen Nachrichten- und Informationskompetenz der deutschen Bevölkerung beschäftigt[23]. Zum Einsatz kam ein selbst entwickelter Test, der bei einer
repräsentativen Stichprobe der deutschsprachigen Bevölkerung ab 18 Jahren im
Herbst 2020 durchgeführt wurde. Mittels Computer Assisted Web Interviews
(CAWI) wurden bundesweit 4.194 InternetnutzerInnen befragt und getestet. Die Ergebnisse sind ernüchternd: die Befragten haben „insgesamt in fast allen Kompe-
tenzbereichen überwiegend mittelmäßig bis schlecht abgeschnitten"; es fehlt „oft
an ganz konkreten Kenntnissen und Fähigkeiten" (Meßmer et al. 2021, S. 7). Die
digitale Nachrichtenkompetenz sinkt in der Korrelation zum Alter deutlich und sig-
nifikant. Die Ursache hierfür sehen die AutorInnen darin, dass die BürgerInnen „viel
zu lange damit allein gelassen wurden, sich in immer komplexeren Medienumge-
bungen selbst zurecht zu finden" und erheben deshalb die Forderung, „die digitale
Nachrichten- und Informationskompetenz systematischer in der Erwachsenenbildung mitzudenken und beispielsweise in berufliche Weiterbildungsangebote aufzunehmen" (ebd.).

Um die digitale Nachrichten- und Informationskompetenz systematischer in der Erwachsenenbildung mitzudenken, werden die folgenden Vorschläge unterbreitet
(Meßmer et al. 2021, S. 35f.):

- Die Angebote der Bibliotheken und/oder Volkshochschulen gilt es gezielt in
  Richtung digitaler Nachrichten- und Informationskompetenz auszubauen.

---

[23] „Digitale Nachrichten- und Informationskompetenz umfasst ein grundlegendes Verständnis davon, welche Bedeutung (digitale) Öffentlichkeiten für eine Demokratie haben und wie
diese Öffentlichkeiten funktionieren; die Bereitschaft, sich über das relevante politische Geschehen zu informieren; sowie die technologischen, sozialen und kognitiven Fähigkeiten,
darin Informationen/Nachrichten finden, erkennen, analysieren, verifizieren, bewerten, (weiter)entwickeln, kommentieren und teilen zu können, um als Bürger:in an demokratisch-di-
gitalen Öffentlichkeiten teilzuhaben" (Meßmer 2021, S. 15).

ISÖ
Institut für
Sozialökologie

- Über entsprechende Förderrichtlinien sollten zivilgesellschaftliche Organisationen in der Erwachsenenbildung dezidiert für Bildung in digitaler Nachrichten- und Informationskompetenz gefördert werden.

- Aspekt digitaler Nachrichten- und vor allem der Informationskompetenz könnten zum einen systematisch in berufliche Weiterbildungsangebote und zum anderen in Bildungsangebote, insbesondere für Geringqualifizierte, aufgenommen werden.

- Da Bildungsangebote vor allem dort sinnvoll sind, wo sich die NutzerInnen bereits aufhalten, d. h. beispielsweise auf Nachrichtenseiten, Suchmaschinen und in den sozialen Netzwerken, sollten diese Plattformen verpflichtet werden, einen bestimmten Anteil ihrer Werbeeinnahmen in einen unabhängigen Fond zur Verbesserung digitaler Nachrichten- und Informationskompetenz einzuzahlen.

- Die Nachrichten- und Informationskompetenz ist nur ein Teil des umfassenderen digitalen Kompetenzprofils. Um dies einschätzen zu können, bietet sich für Teilnehmende in der Erwachsenen- und Weiterbildung das digitale Competence Wheel an (Abb. 32):

Abbildung 32: The Digital Competence Wheel

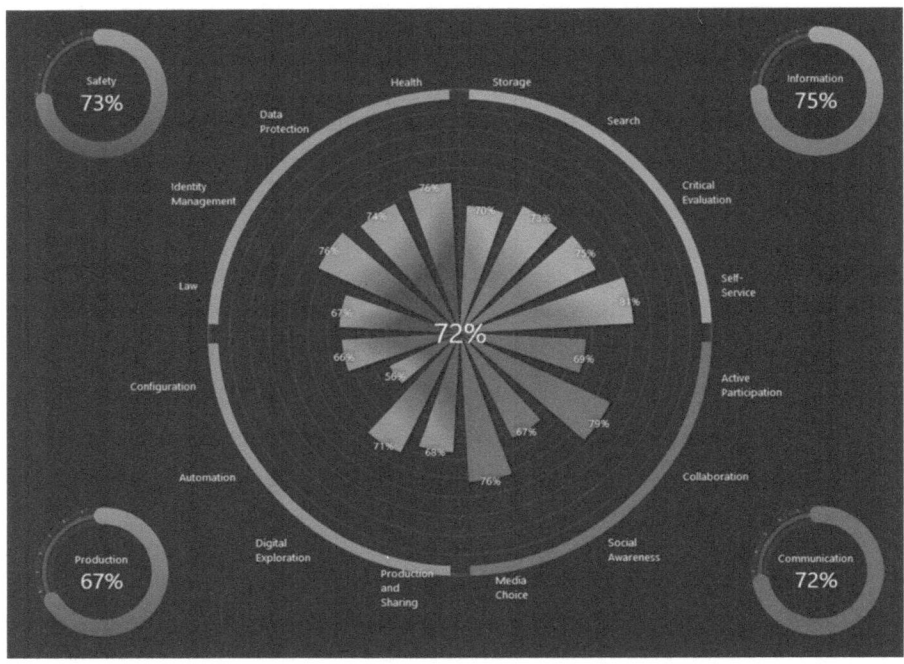

Quelle: Center for Digital Dannelse

Im Jahre 2002 wurde die Partnership for 21st Century Skills (heute Partnership for 21st Century Learning) als gemeinnützige Organisation von einer Koalition aus Unternehmen, Persönlichkeiten aus dem Bildungsbereich sowie PolitikerInnen gegründet. Die Partnership for 21st Century Learning (P21) hat es sich als Aufgabe gesetzt, *Kollaboration, Kommunikation, kritisches Denken und Kreativität* zu fördern (Soffel 2016). Diese Kompetenzen ergeben das *4K-Modell des Lernens* (Abb. 33) Es sind jene Fähigkeiten, die Menschen für die digital geprägte Lebens- und Arbeitswelt benötigen und die eng verbunden sind mit der Digital Literacy (Digitale Kompetenz) (Ramin 2021).

Abbildung 33: Das 4K-Modell des Lernens im 21. Jahrhundert

![Das 4K-Modell: Kreativität, Kritisches Denken, Kommunikation, Kollaboration]

Quelle: Ostermann 2020

Am 22. Februar 2021 wurde die „Initiative Digitale Bildung" vom Bundesministerium für Bildung und Forschung (BMBF 2021) vorgestellt. Ziel ist es, die Kompetenzentwicklung der Lernenden auf ihrem Bildungsweg in einer digital geprägten Welt zu fördern. Mit einer nationalen Bildungsplattform soll ein sicherer Zugang zu einem digitalen Bildungsraum geschaffen werden, der vielfältige Lernangebote enthält. Noch handelt es sich hier um eine Absichtserklärung, die auf die folgenden Punkte abzielt:

ISÖ
Institut für
Sozialökologie

- Lernenden soll ein zentraler Zugang zu Bildungsangeboten und Plattformen verschafft werden, die bestehende und neue Lernplattformen und Lernangebote beinhalten.

- Lernenden sollen individuelle Lernpfade aufgezeigt und Bildungsmaterialen verfügbar gemacht werden.

- Die Qualität von Lernangeboten soll durch Gütesiegel und Standardisierungen gesichert werden.

- Die Vernetzungsmöglichkeiten im digitalen Weiterbildungsraum sollen eine stärkere Nutzerorientierung ermöglichen.

- Im vollendeten digitalen Bildungsraum soll es möglich sein, individuelle Zeugnisse und Zertifikate – datenschutzkonform – digitalisiert abzulegen und Bildungsprofile über die gesamte Bildungsbiografie hinweg zu hinterlegen.

Im Rahmen der „Initiative Digitale Bildung" wurde Anfang 2021 „Stadt | Land | DatenFluss", die App für mehr Datenkompetenz vorgestellt. Die App sensibilisiert für einen souveränen Umgang mit Daten in einer digitalisierten Welt. Entwickelt wurde sie vom Deutschen Volkshochschul-Verband. Das Curriculum der App basiert auf dem „Framework für Data Literacy" des Hochschulforums Digitalisierung. Zur Vermittlung konkreten Datenwissens nutzt die App einen spielerischen Ansatz. Im Zentrum der App steht eine virtuelle Stadt, in der die verschiedenen, von der Digitalisierung geprägten Lebensbereiche symbolhaft repräsentiert werden. https://www.volkshochschule.de/bildungspolitik/digitalisierung/app-stadt-land-datenfluss/index.php

Nimmt man die aufgezeigten Befunde und Tendenzen bezüglich der Teilhabenden ganzheitlich in den Blick, so gibt es deutliche Anzeichen für eine Entwicklung in Richtung einer zunehmenden Entkoppelung des Lernens von institutionell regulierten Kontexten. Die Speerspitze bilden dabei die sog. „Edupunks", die Lernrebellen;

ISÖ
Institut für
Sozialökologie

als solche bezeichnet man „Menschen, die Bildung im Internet und bevorzugt kostenfrei suchen und finden – untereinander digital vernetzt und sich so gegenseitig unterstützend" (Radermacher 2021, S. 54). Diese sind an „Life Hacks" interessiert, die eine situative, kreative und unkonventionelle Lösungsfindung anbieten. Kurze Lehr-Lern-Videos und Podcast sind hier besonders beliebt. Das situierte Wissen darf aber nicht mit dem systematischen verwechselt werden. Hier kann wiederum die Stärke von traditionellen Bildungsinstitutionen liegen. Durch das verstärkte Angebot an Online-Kursen zeigen sich – wie erste statistisch noch nicht abgesicherte Erfahrungen zeigen – zum Teil massive Veränderungen in der Struktur der Teilnehmend.

1.5 Fazit

Mit der Entwicklung der digitalen Medientechnologie verbinden sich große Hoffnungen auf digitale Teilhabe in mediatisierten Lernwelten. In der Zukunft wird es darauf ankommen, die sich ergebenden Chancen als auch Risiken für die Weiterbildung bei der Gestaltung der Mediatisierungspfade im Auge zu behalten. Durch kreative Kombinationen von Präsenz- mit E-Learning-Phasen können die Vorteile analoger und digitaler Lehr-Lern-Arrangements miteinander verknüpft werden; die Furcht vor der Substitution von realen LernbegleiterInnen ist angesichts einer auf Dialog, Begegnung und Reflexion angelegten Weiterbildung unbegründet.

Lernen wird individueller, flexibler, selbstbestimmter, informeller und verbindet sich enger mit den Arbeitsprozessen. Darauf gilt es mit Bildungsplattformen zu antworten, in denen (offene) Bildungsressourcen zum Selbstlernen bereitstehen, die zeit- und ortsunabhängig jederzeit abgerufen werden können. Es bietet sich an, mit unterschiedlichen Szenarien von E-Learning zu experimentieren und intelligent Verknüpfungen von analogen und digitalen Lehr-Lern-Arrangements zu testen. Die Möglichkeiten mobilen E-Learnings liegen nicht nur in seiner größeren zeitlichen und örtlichen Flexibilität, sondern bieten auch die Chance, die Angebote an neue Zielgruppen zu adressieren. Das neue didaktische Potenzial digitaler Technologien liegt in Learning Analytics, in interaktiven bildbasierten Handlungswelten in Form von Simulation und digitalen Spielen sowie digitalem kollaborativem Lernen.

Die Digitalisierung in der Erwachsenen- und Weiterbildung ist ein gestaltbarer Entwicklungsprozess. Die damit verbundenen Herausforderungen sind mit drei Veränderungsbedarfen verbunden: Auf individueller Ebene haben wir es mit einem Qualifizierungsbedarf, auf institutioneller Ebene mit einem Anpassungsbedarf und auf gesellschaftlicher Ebene mit einem Regulierungsbedarf zu tun (Rohs et al. 2020b, S. 366). Wenn die Handlungsschritte auf diesen Ebenen gut ineinandergreifen sind die Voraussetzungen und Bedingungen dafür geschaffen, dass die kontinuierliche Selbsterneuerung durch eine lebenslange Lernagilität aus institutioneller wie individueller Perspektive gelingen kann.

Mit der Digitalisierung ist ein Paradigmenwechsel der Lernkultur verbunden, der sich in neuen Sichtweisen auf Inhalte, Formate, Zielgruppen und insbesondere neuen Rollen aller Beteiligten manifestiert. Die Führungskräfte der Erwachsenen- und Weiterbildungseinrichtungen sind gefordert, ihre Institutionen strategisch neu auszurichten, dafür die personellen, zeitlichen, räumlichen und finanziellen Ressourcen zu sichern, Weiterbildungs-, Reflexions- und Transformationsbedarfe zu organisieren und die Vernetzungsarbeit zu intensivieren. Zur Bewältigung der digitalen Herausforderungen wird es wichtig sein, dass interdisziplinäre Teams bei der Gestaltung medialer und digitaler Lehr-Lern-Prozesse eng zusammenarbeiten. Das pädagogische und disponierende Personal sieht sich mit neuen Rollenanforderungen konfrontiert; sie werden zunehmend zum/zur MentorIn, BeraterIn und Coach, Lernvideo-GestalterIn, KulturentwicklerIn, LerndesignerIn und agilen LernbegleiterIn. Ein Schlüsselfaktor im Digitalisierungsprozess ist die Professionalisierung des Weiterbildungspersonals auf dem Feld der Medienkompetenz.

Die zentrale Herausforderung für die weitere Digitalisierung wird darin bestehen, auf einen abgestimmten Dreiklang des Zusammenspiels von (a) technischer Infrastruktur, (b) personeller Professionalisierung und (c) institutioneller Konzeptualisierung zu achten. Bei der Bewältigung dieser Herausforderungen wird die Netz-werkarbeit eine immer größere Bedeutung gewinnen, da sich im Zeichen der gesell-schaftlichen Transformationsprozesse die Macht von den Institutionsstrukturen zunehmend in Netzwerkstrukturen verlagert (Castells 2017). Die enge Kooperation insbesondere mit Dachorganisationen – sofern diese vorhanden sind – sowie Inter-essenverbänden der Erwachsenen- und Weiterbildung werden grundlegend für das Gelingen der Digitalisierung sein.

Erforderlich ist dabei ein Weiterbildungsmanagement, das der Weiterbildung hin-sichtlich der Entwicklung digitaler Kompetenzen (a) eine strategische Funktion zu-weist und auf die Passung von individuellem und organisationalem Lernen achtet, (b) ein didaktisches Verständnis der LernbegleiterInnen, die sich im Sinne der Er-möglichungsdidaktik stärker darauf fokussieren, Lehr-Lern-Arrangements für selbstgesteuerte Lernprozesse zur Verfügung zu stellen und dabei ihr Rollenver-ständnis diversifizieren, sowie (c) Lernende, die Verantwortung für ihre eigenen Lernprozesse übernehmen.

Durch die Corona-Krise verschärfen sich die Disparitäten im Bildungsbereich allge-mein und auch in der Erwachsenen- und Weiterbildung. Von den Einschränkungen ist die Erwachsenen- und Weiterbildung mit ihren Einrichtungen und ihren Beschäf-tigten massiv betroffen. Die Erwachsenen- und Weiterbildung hilft zwar in der Krise, befindet sie sich selbst jedoch auch in der Krise (DGfE 2020).

Im Anschluss an die ad hoc spontan erfolgte Digitalisierung vieler Lernangebote in der Corona-Krise wird sich die Erwachsenen- und Weiterbildung verstärkt der Frage zuwenden, welche ihrer Angebote zukünftig in Präsenz, als hybride Formate oder online durchgeführt werden sollen. Dabei wird es darauf ankommen, die Entschei-dungen in Abhängigkeit von den Lernbedürfnissen und -fähigkeiten der Menschen zu differenzieren. Außerdem wird das Verhältnis von Lokalität und Zentralität neu zu bewerten sein. Da mit den Möglichkeiten der Digitalisierung auch die potenzielle Erreichbarkeit steigt, eröffnen sich für Erwachsenenbildungseinrichtungen neben einer stärkeren Zusammenarbeit auf lokaler und regionaler Ebene auch Optionen, die aus einer inhaltlichen Spezialisierung resultieren. Dies ist der Fall, wenn ein regionales Angebot im digitalen Raum eine überregionale Aufmerksamkeit erfährt (Schneider 2021, S. 55f.). In diesem Zusammenhang stellt sich auch die Frage, wie bisherige Konzepte von Qualität und Professionalität, insbesondere auch für die Medienbildung (hierzu Schäfer 2017b und Schäfer 2018) durch den Einsatz digitaler Bildungstechnologien herausgefordert werden. Die Diskussion hierzu ist auf dem Anfang Dezember 2020 erstmals online durchgeführten DIE-FORUM WEITERBILDUNG begonnen worden.

Ob sich die mit der Digitalisierung verbundenen Erwartungen hinsichtlich des Abbaus von Bildungsprivilegien, der Angleichung von Lernchancen, der Beförderung demokratischer Prozesse, der Überwindung digitaler Disparitäten und der Realisation von mehr Teilhabe an Bildung verwirklichen lassen, hängt ab von den einzuschlagenden Mediatisierungspfaden. Hierdurch entscheidet sich, ob Bildung als öffentliches Gut eine Chance hat oder gänzlich zur Ware wird.

ISÖ
Institut für
Sozialökologie

2   Die Digitalisierungsstrategie der LEB

Die Auseinandersetzung mit den Studien zur Digitalisierung der Erwachsenen- und Weiterbildung zeigt die große Bedeutung des Vorhandenseins einer Digitalisierungsstrategie als Orientierung im Prozess der institutionellen Neuausrichtung auf. Es ist ein strategischer Vorteil, einen klaren Kompass für die Aufgaben im Prozess der Digitalisierung zu besitzen. Vor dem Hintergrund ihrer aufklärerischen Werte und ihrer Gemeinwohlorientierung sind die Erwachsenenbildungsinstitutionen herausgefordert, Digitalisierungsstrategien zu entwickeln, die sich daran ausrichten, Teilhabechancen zu vergrößern, Zugangsbarrieren abzubauen und einer weiteren digitalen Spaltung entgegenzuwirken. Im Rahmen der Entwicklung von Digitalisierungsstrategien steht die Erwachsenenbildung vor der Herausforderung, das Lifelong Learning zunehmend auch auf ihre eigene Organisationsstruktur im Sinne der lernenden Organisation (Senge 2011) anzuwenden, indem sie eine unterstützende fehlerfreundliche Lernkultur ermöglicht, Freiräume für Experimente schafft und die personelle Professionalisierung gezielt fördert. Von diesen Überlegungen ist auch die Entwicklung der Digitalisierungsstrategie der Ländlichen Erwachsenenbildung e.V. und der AG Regionale Bildung[24], die in einer Prozessberatung (Glasl et al. 2020) von iwis e.V. begleitet wurde, geleitet.

Den theoretischen Bezugsrahmen des dialogisch angelegten Prozesses der Strategieentwicklung zur Digitalisierung der LEB liefert die von C. Otto Scharmer (2020) entwickelte „Theorie U", die nun vorgestellt werden soll, da sie für das Verständnis des Prozesses zentral ist. Scharmer hat seine Theorie am Massachusetts Institute of Technology (MIT) auf der Basis der Erkenntnisse von Peter Senge zur lernenden Organisation entwickelt. Das die Theorie bezeichnende „U" beschreibt die Bewegung eines Veränderungsprozesses, den es zu erläutern gilt. Scharmer versteht seinen Ansatz als eine evolutionäre soziale Theorie in Vertiefung zur Systemtheorie.

---

[24]   Wenn im Folgenden von der LEB die Rede ist, dann sind diese beiden nach dem ThürEBG anerkannten Einrichtungen der Erwachsenenbildung damit gemeint.

Sie bietet eine neue Perspektive, wie man auf soziale Situationen schauen kann; ihr Fokus ist auf die Veränderung von Systemen aus der Perspektive der Handelnden ausgerichtet. Für Scharmer stellt sich die Frage, wo der archimedische Punkt liegt, durch den sich ein System bspw. im Rahmen einer Organisationsentwicklung verändern lässt?

Scharmer spricht davon, dass individuelle, organisatorische wie gesellschaftliche Veränderungsprozesse auf verschiedenen Ebenen stattfinden. Dabei sind zwei Dimension zu unterscheiden. Die horizontale Dimension steht für den Weg von der Wahrnehmung zur Handlung (Scharmer 2020, S. 88). Die vertikale Dimension beinhaltet verschiedene Ebenen, welche von einer Oberflächen- zu einer Tiefenstruktur angeordnet sind, von der Öffnung des Denkens über die Öffnung des Fühlens bis zur Öffnung des Willens (Abb. 34). Die Gestaltung der Workshops zur Entwicklung der Digitalisierungsstrategie orientierte sich an den horizontalen Dimensionen, die nun erläutert werden.

Abbildung 34: Der U-Prozess: Fünf Schritte zur Veränderung

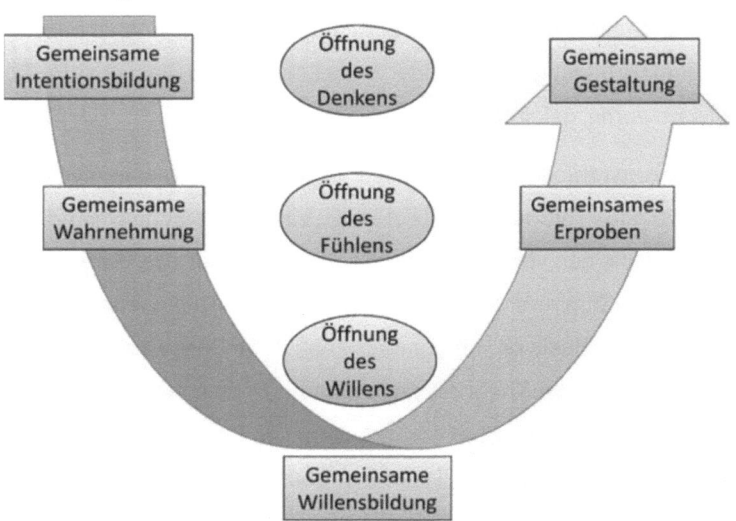

Quelle: in Anlehnung an Scharmer 2020, S. 80

Gemeinsame Intentionsbildung

Bei der gemeinsamen Intentionsbildung kommt es darauf an, aufmerksam und achtsam zu sein, für das, was einem aus dem institutionellen Umfeld entgegenkommt; deshalb ist es wichtig, sich selbst zuzuhören, den anderen zuzuhören und auf das zu hören, was an Gemeinsamem zwischen den Beteiligten in der Beschäftigung mit etwas entsteht. Dazu ist es notwendig, dialogische Beziehungen aufzubauen. Die erste Bewegung ist das Gefäß, aus dem die folgenden Bewegungen entstehen und unterstützt werden können. Bezogen auf Lernprozesse geht es um den Aufbau des Lernsettings, das Vertrautmachen mit diesem, den Beziehungsaufbau innerhalb des Lernarrangements, die sensible Kontaktaufnahme mit den Inhalten des Lernens sowie die Vereinbarung von Lernzielen.

Gemeinsame Wahrnehmung

Die gemeinsame Wahrnehmung beginnt mit der Vernetzung und der Bildung eines engagierten Teams für Erkundungs- und Entdeckungsreisen und die Entwicklung von Prototypen des Neuen. Dabei kommt es besonders darauf an, sich zunächst ganz auf das Beobachten zu konzentrieren und die Stimme des Urteils zu suspendieren. Es gilt, das Zuhören und den Dialog sowie „kollektive Wahrnehmungsorgane" zu entwickeln, „die es dem System erlauben, sich selbst zu sehen" (Scharmer 2020, S. 395). Bezogen auf Lernprozesse bedeutet dies, das gruppendynamische Geschehen in Lerngruppen zu beachten, sich kollaborativ im dialogischen Austausch zu vernetzen, gemeinsam den Lernkosmos explorativ zu erkunden, gegenüber den Lernerkenntnissen die Haltung des offenen Geistes einzunehmen, der sich mit Beurteilungen zurückhält, sowie gemeinsame Instrumente für Reflexionsprozesse zu nutzen.

Gemeinsame Willensbildung

Die gemeinsame Willensbildung zielt darauf ab, „sich mit der im Entstehen begriffenen Zukunft zu verbinden" (Scharmer 2020, S. 397). Dazu ist es wichtig, das alte Selbst loszulassen, um durch den tiefsten Punkt des „U" hindurchzugehen, damit

ISÖ
Institut für
Sozialökologie

das Neue entstehen kann. Die Hindernisse, die es dabei zu überwinden gilt, sind die Stimmen des Urteils, des Zynismus und der Angst. Scharmer empfiehlt, einen Raum der intentionalen Stille aufzusuchen, sich mit der Quelle des inneren Wissens zu verbinden und hierzu seine eigene Übungspraxis zu entwickeln. Um ein kreatives Potenzial zu erschließen, kommt es für Individuen wie Institutionen darauf an, das zu tun, was man liebt, und das zu lieben, was man tut. Abschließend geht es in dieser Phase darum, einen gemeinsamen Ort zu schaffen, „der seinen Teilnehmenden gegenseitige Unterstützung und gegenseitigen Halt bietet und ihnen erlaubt, den jeweiligen Lebens- und Arbeitsweg zu verstehen und weiterzugehen" (Scharmer 2020, S. 400).

Gemeinsames Erproben

Das gemeinsame Erproben hat die Entwicklung von Prototypen des Neuen zum Ziel. Dies geschieht in einem ersten Schritt dadurch, dass die Kraft der Intention und Vision in einem Bild kristallisiert wird. Eine kleine engagierte Gruppe von Menschen, die ihre Energien bündeln und auf die gemeinsame Vision ausrichten, ist in der Lage, erste Prototypen „als Landebahnen für die entstehende Zukunft" zu erstellen (Scharmer 2020, S. 403). Diese gilt es sodann, im Dialog mit dem Umfeld zu testen und zu verbessern. Dabei geht es „um die praktische Integration der Intelligenz des Kopfes, des Herzens und der Hände" (Scharmer 2020, S. 405). Das gemeinsame Erproben trifft speziell auf all jene Lernprozesse zu, die durch eine kollaborative Arbeit eines Teams im unmittelbaren Arbeitsvollzug gekennzeichnet sind.

Gemeinsames Gestalten

Das gemeinsame Gestalten beschreibt den Prozess des In-die-Welt-Bringens des Neuen. Dafür ist es notwendig, Räume zu schaffen, „die es Akteuren ermöglichen, aus dem entstehenden Ganzen heraus zu sehen und zu handeln" (Scharmer 2020, S. 407). Dies ist nur möglich, indem geschützte Orte und Rhythmen für Reflexion

ISÖ
Institut für
Sozialökologie

und Coaching geschaffen werden. Der letzte Punkt verweist explizit auf die Infrastrukturen eines die soziale Praxis begleitenden Lernens im Sinne von institutionellen und gesellschaftlichen Veränderungsprozessen.

Wenden wir uns nun noch kurz der vertikalen Achse, den fünf Ebenen der Veränderung zu, die im Prozess der Organisationsentwicklung durchschritten werden (Abb. 35).

Abbildung 35: Fünf Ebenen der Veränderung

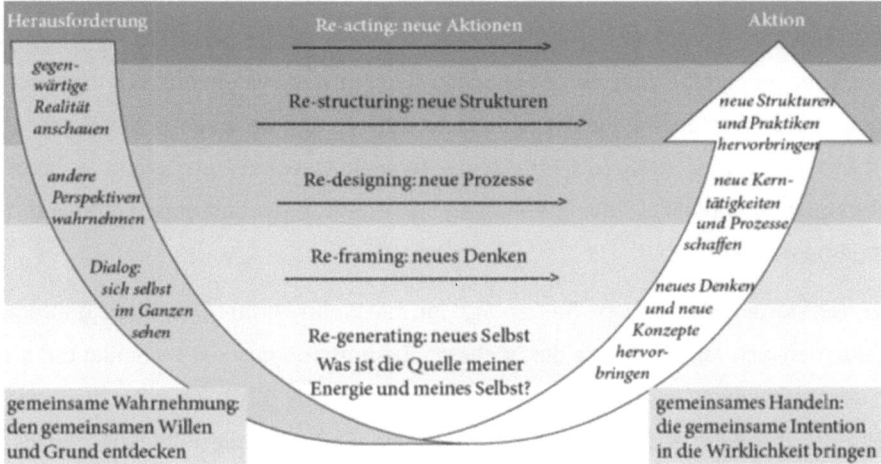

Quelle: Eigene Darstellung in Anlehnung an Scharmer 2020, S. 89

Die Ebene des *Re-acting* zeichnet sich dadurch aus, dass Erfahrungen genutzt werden, um in der Gegenwart Veränderungsprozesse zu gestalten. Das Reproduzieren von Gewohnheiten bedeutet, dass die Organisation in diesen Denkmustern verharren wird. Ihre Handlungen werden kurzzeitig erfolgreich sein, doch „mit der Zeit wird dieses Verhaltensmuster dysfunktional und kann zukünftigen Erfolg und Weiterentwicklung (…) blockieren" (Scharmer 2020, S. 174).

Die Ebene des *Re-structuring* entsteht „in dem Moment, in dem wir das Downloading wahrnehmen und seiner als Gewohnheit gewahr werden", dadurch „bewegen

ISÖ
Institut für
Sozialökologie

wir uns auf ein wirkliches Hinsehen zu" (Scharmer 2020, S. 177). Diese Wahrneh-
mungsform beschreibt Scharmer als das Seeing, welches als Anschauen der ge-
genwärtigen Realität zu verstehen ist. Die Realität kann dabei durch genaue und
scharfe Wahrnehmung gesehen werden. Diese Ebene kann nur erreicht werden,
wenn eigene Erfahrungen und Bewertungen zurückgehalten werden.

Auf der dritten Ebene, dem *Re-designing*, wird die Erweiterung des Wahrnehmungs-
raumes entwickelt. So werden andere Perspektiven wahrgenommen, was bedeutet,
dass sich das Seeing zum Sensing entwickelt. Beim Sensing öffnen sich die Grenzen zwischen Beobachter und dem Beobachteten (Scharmer 2020, S. 191ff.).
Scharmer beschreibt, dass der „Beobachter beginnt, das System aus einer anderen
Perspektive zu erfassen. Diese Perspektive schließt den Beobachter des Systems
mit ein" (Scharmer 2020, S. 194). Dieser Perspektivwechsel ermöglicht es, neue
Strategien zu entwickeln, die unabhängig von Erfahrungen und gefestigten Hand-
lungsmustern entstehen.

Bei der vierten Ebene, dem *Re-framing*, ist die Wahrnehmung dadurch geprägt,
„dass man sich mit der Quelle der höchsten Zukunftsmöglichkeit verbindet um sie
im Jetzt anwesend werden zu lassen" (Scharmer 2020, S. 210). Diese Art der Wahrnehmung bezeichnet Scharmer als Presencing. Dafür ist die Fähigkeit von der
Quelle her wahrzunehmen und sein Handeln darauf abzustimmen erforderlich (Scharmer 2020, S. 212f.). Mit Presencing wird die Verbindung von der Vergangenheit
und der entstehenden Zukunft beschrieben.

Die Ebene *Re-generating* ist die tiefste Ebene im „U". Um diese Ebene zu erreichen,
sei es – so Scharmer – erforderlich, „alles fallen zu lassen, was nicht wesentlich
ist" (Scharmer 2020, S. 234). Auf dieser Ebene soll alles Neue vergegenwärtigt werden und in einem Zukunftsbild oder in Intentionen verdichtet werden. Ziel ist es,
sich mit der Quelle zu verbinden und anwesend zu werden. Außerdem solle „die
Intention und Vision einer entstehenden, ‚gefühlten' Zukunft" konturiert, konkreti-
siert und Gestalt werden (Scharmer 2020, S. 435).

Die empirische Basis für den Prozesses der Strategieentwicklung zur Digitalisierung der LEB liefert die Auswertung der Befragung „Digital", die in Eigenverantwortung von den MitarbeiterInnen der LEB im Frühjahr 2020 unter 67 von 170 AusrichterInnen durchgeführt wurde und an der sich 23 Einrichtungen beteiligt haben. Die Ergebnisse lagen allen Beteiligten vor und sind in die Diskussionen, Entscheidungsfindungen und getroffenen Verabredungen in den Workshops eingeflossen. Entsprechendes gilt auch für die Ergebnisse und Erkenntnisse des EU-Projektes „Digitale Technologien zur Verbesserung der Erwachsenenbildung".

Dem Ziel, die Digitalisierungsstrategie der LEB zu entwickeln, dienten drei Workshops von September 2020 bis Januar 2021, die mit dem Leitungsteam der beiden anerkannten Einrichtungen der Erwachsenenbildung, der Ländlichen Erwachsenenbildung e.V. und der AG Regionale Bildung stattfanden. Die ersten beiden Workshops zur Strategie- und Konzeptentwicklung fanden als Präsenzveranstaltungen und der dritte zur Konzeptionierung des Labors für digitale Formate als reine Online-Veranstaltung statt. Außerdem fand noch eine digitale Zusammenkunft zum Erfahrungsaustausch bezüglich der Kommunikationsplattform Microsoft Teams statt. Im Folgenden werden die drei Workshops in ihren zentralen Resultaten vorgestellt.

Der Prozess der Strategie- und Konzeptentwicklung war Seitens der LEB von der Überzeugung durchdrungen, dass es darauf ankommt, eine Digitalisierungsstrategie zu entwickeln, die von allen gemeinsam getragen wird. Deshalb war es so wichtig, einen offenen Dialog zu führen. Dabei war es außerdem bedeutsam, die interne Sichtweise der LEB mit der von den ProzessbegleiterInnen von iwis e. V. konstruktiv miteinander zu verschränken.

Der *Strategieworkshop* vom September 2020 orientierte sich an den fünf Schritten von der Intentionsbildung und Wahrnehmung, über die Willensbildung bis hin zum Erproben und Gestalten. Welche Ebenen der Veränderung dabei erreicht werden, hängt von der Umsetzung der entwickelten Konzeption in den nächsten Monaten und Jahren ab und kann abschließend erst retrospektiv beurteilt werden. Die Ebenen der Veränderung bieten sich als Reflexionsinstrumentarium im weiteren Prozess an.

Im Folgenden sollen die fünf Ebenen der Veränderung während des Septemberworkshops resümierend betrachtet werden.

In der gemeinsamen *Intensionsbildung* ging es um die Frage, welche Chancen, Herausforderungen und Ängste sich mit der Digitalisierung in der Erwachsenenbildung aus der individuellen Perspektive der Mitarbeitenden verbinden. Auffallend ist, dass deutlich mehr und umfassendere Chancen als Herausforderungen und Ängste benannt wurden.

Die *gemeinsame Wahrnehmung* erfolgte entlang des Mehrebenenmodells der Digitalisierung in der Erwachsenen- und Weiterbildung (Egetenmeyer & Grafe 2017, S. 7):

- Gesellschaftlicher Kontext

- Institutioneller Kontext

- Organisationaler Kontext

- Programm und Angebote

- Personal

- Teilnehmende bzw. Teilhabende

Auf der Basis der Beschäftigung mit den sechs Ebenen wurden sieben Entwicklungsbereiche des Digitalisierungsprojektes identifiziert:

- Politische Lobbyarbeit zur Schaffung der notwendigen Rahmenbedingungen einschließlich der Suche nach Verbündeten.

- Bestandsaufnahme bei den TeilnehmerInnen hinsichtlich Einstellungen, Kompetenzen und der technischen Ausstattung.

ISÖ
Institut für
Soziallökologie

- Bestandaufnahme bei den MitarbeiterInnen der Geschäftsstelle hinsichtlich Einstellungen, Kompetenzen, Erfahrungen, Wünsche und der Anforderungen an die DozentInnen.

- (Neu-)Definition von Strukturen und Prozessen und damit verbundene Verantwortlichkeiten, Formate sowie Abläufe.

- KundInnenentwicklung: Identifizierung, Qualifizierung und Begleitung von „Digitalen PionierInnen", Angebote zur Vernetzung und Ausstattung.

- Labor für experimentelle digitale Formate.

- Weiterentwicklung Programmangebot.

Als vorläufiges Ergebnis des Strategieworkshops entstand ein Bild, das die zentralen Akteure und Elemente der Digitalisierungsstrategie der LEB in ihren drei Säulen benennt: die PartnerInnen, die AusrichterInnen bzw. KundInnen, die Teilhabenden sowie die Politik. Eine besondere Stellung nimmt das Labor als experimenteller Raum für die Entwicklung und Erprobung digitaler Formate ein.

Angesichts der Erkenntnis aus vielen Change-Vorhaben, die zu dem Ergebnis kommen, dass 70 Prozent der Veränderungsvorhaben scheitern oder zumindest die gesteckten Ziele nicht erreichen (Rose 2021, S. 36), waren sich alle Beteiligten der LEB darüber einig, dass es darauf ankommt, sowohl das Veränderungstempo als auch das Veränderungsausmaß so zu dosieren, dass eine Veränderungsbalance gefunden wird, die es verhindert, in die Bereiche von Erschöpfung, Selbstvergewaltigung bzw. „Nicht mein Ding" abzugleiten (Abb. 36). Hierauf wird auch künftig zu achten sein, um den Spaß und die Freude am Digitalisierungsprozess aufrechtzuerhalten.

Abbildung 36: Modell der Veränderungsbalance

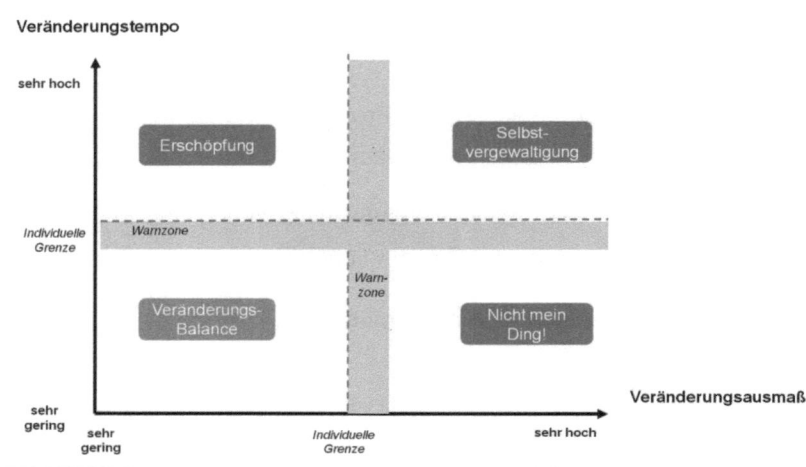

Quelle: Koch 2017, S. 270

Mit den in den vier Quadranten des Modells der Veränderungs-Balance verwendeten Begrifflichkeiten sind die folgenden Bedeutungen verbunden:

Veränderungsbalance: „Psychologisch gesehen ist dies der Idealzustand; Veränderungstempo und -ausmaß bewegen sich auf einem individuell angemessenen Level." Die Mitarbeitenden können die Anpassungsanforderungen meistern; es geht ihnen gut dabei.

Erschöpfung: Die Mitarbeitenden „sind grundsätzlich in der Lage, sich das notwendige Wissen oder die zusätzlichen Fertigkeiten anzueignen (…). Die zur Verfügung stehende Zeit reicht jedoch nicht aus. Ihnen wird zu viel auf einmal zugemutet (…). Das geforderte Anpassungstempo erzeugt Stress, der früher oder später zu Erschöpfung (…) führt." Die Mitarbeitenden verlieren die Motivation und die Kraft, sich auf Veränderungen einzulassen.

Nicht mein Ding: Hier sollen die Mitarbeitenden eine Anpassungsleistung erbringen, die ihre Fähigkeiten übersteigt. „Obwohl das Veränderungstempo angemessen und Zeit für Schulungen und anschließendes Ausprobieren vorhanden ist," kommen die

126

ISÖ
Institut für
Sozialökologie

Mitarbeitenden nicht auf ein angemessenes Leistungsniveau. Sie haben das Gefühl, dass die Tätigkeit nicht zu ihnen passt. Als Folge entstehen Selbstzweifel und die Motivation sinkt.

Selbstvergewaltigung: Die Mitarbeitenden sind „in jeder Hinsicht von den Veränderungsprozessen überfordert. (...) Diesen Zustand kann (...) niemand unbeschadet lange aushalten, da der innere Konflikt zu groß ist. Stresserkrankungen bzw. Anpassungsstörungen sind die Folge" (Koch 2019).

Ziel des *Workshops zur Konzeptentwicklung* im November 2020 war es, die entwickelte Strategie zu überprüfen, dazugehörige Ziele und Maßnahmen zu formulieren, zu präzisieren und anschließend Verabredungen zu formulieren und diese zeitlich zu fixieren, d.h. einen Fahrplan für die Umsetzung der Strategie zu erarbeiten.

Die am Ende des ersten Workshops entwickelte Strategie wurde nochmals einer kritischen Prüfung und einem Feedback unterzogen; dabei wurden sowohl Stärken als auch Herausforderungen festgehalten:

Zu den *Stärken* gehört:

- der *ganzheitliche Ansatz*, der die zu berücksichtigenden Ebenen einbezieht und mit allen Beteiligten ein partizipatives Vorgehen praktiziert,

- die Fokussierung auf die *Hebelpunkt* der digitalen Pioniere, von denen ganz erhebliche Wirkungen für die Organisationsentwicklung insgesamt ausgehen sollen sowie

- die Schaffung eines *Labors*, das einen Experimentierraum für die konzeptionelle Ausarbeitung, Erprobung und Dissemination von neuen Formaten des Lernens und Arbeitens schaffen soll.

Zu den *Herausforderungen* zählen:

- der *umfassende Ansatz*, der sämtliche Strukturen und Prozesse der Organisation einer kritischen Analyse und Überprüfung unterzieht,

ISÖ
Institut für
Sozialökologie

- die limitierten personellen und finanziellen *Ressourcen*, die mit Blick auf die Veränderungsbalance zu berücksichtigen sind sowie

- das noch ausstehende *Feedback* infolge der Corona-Krise aus den *Regional-konferenzen*, die ein zentrales Fundament der LEB darstellen.

Die skizzenhafte grafische Darstellung des organisationalen Aufbaus der LEB und der darin zu verankernden Elemente der Strategie, insbesondere des Labors, wurde neu visualisiert und erhielt die folgende differenzierte Fassung (Abb. 37):

Abbildung 37: Organisationsaufbau mit dem Labor für Digitales der LEB

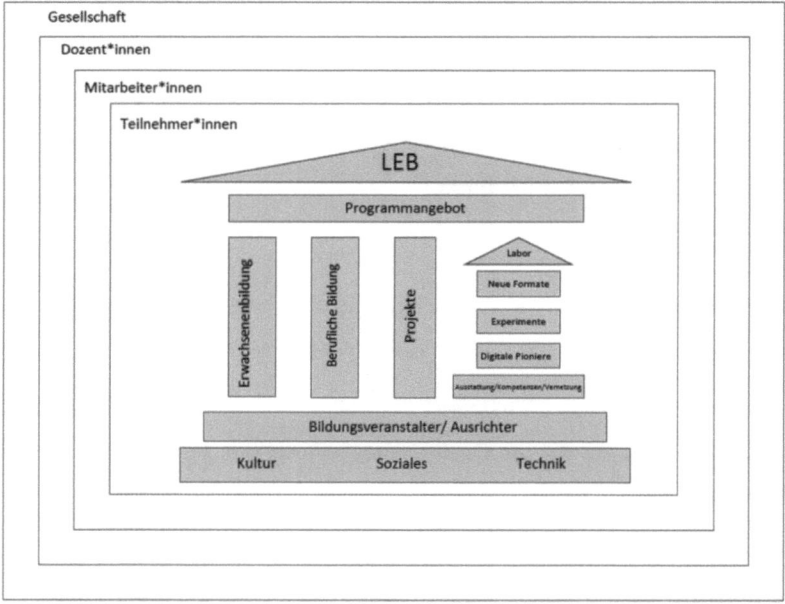

Quelle: Ergebnis des Workshops vom 29. September 2020

Im Zentrum befindet sich die LEB mit ihren *drei Säulen*, der Arbeit auf der Grundlage des Thüringer Erwachsenenbildungsgesetzes, der beruflichen Bildung sowie der Projektarbeit.

Die drei Säulen sind verbunden durch *drei Subsysteme*, ein *kulturelles*, bestehend aus Strategie und Identität, ein *soziales*, bestehend aus Struktur, Menschen und Funktionen sowie ein *technisches*, bestehend aus Prozessen und physischen Mitteln (Glasl et al. 2020).

Der systemische Organisationsaufbau dient dem zentralen Zweck, ein *Programmangebot* an unterschiedlichen Bildungsangeboten in den o.g. Säulen zu unterbreiten, das durch konkrete Bildungsveranstaltungen in Kooperation mit AusrichterInnen für definierte Zielgruppen realisiert und umgesetzt wird.

Das neu zu errichtende *Labor für Digitales* stellt eine hybride Form dar, die virtuell und real zugleich sein kann. Es ist eine Schnittstelle im gesamten Organisationsaufbau und repräsentiert in sich die unterschiedlichen Subsysteme:

- Als Teil des technischen Subsystems richtet es den Blick auf *Ausstattungsaspekte*,

- als soziales Subsystem fokussiert es auf die *Kompetenzen des Personals* und

- als kulturelles Subsystem ist es daran interessiert, die *Vernetzungsstrukturen* zu stärken und auszubauen.

Unter dem primären Zweck der Planung und Durchführung von Bildungsveranstaltungen soll es neue *Formate für Lernarrangements und Lernszenarien* erproben, entsprechende Prototypen entwickeln, erproben und zur Serienreife führen.

In den um die Organisationsstruktur angeordneten konzentrischen Rechtecke sind die für die LEB relevanten *Akteure und Stakeholder* ihrer Bildungsaktivitäten angeordnet; dies sind die an der Bildung partizipierenden Teilnehmer- bzw. TeilhaberIn-

ISÖ
Institut für
Sozialökologie

nen, die in den Bildungsprogrammen pädagogisch und disponierend tätigen MitarbeiterInnen, die frei- und nebenberuflichen DozentInnen, die AusrichterInnen der Angebote sowie die Gesellschaft insgesamt.

Die bereits im ersten Workshop identifizierten Entwicklungsbereiche wurden von den WorkshopteilnehmerInnen hinsichtlich ihrer eigenen Präferenzen bewertet.

Die anschließende Arbeit an den vereinbarten Zielen erfolgte mittels der SMART-Formel (spezifisch, messbar, aktivierend, realistisch und terminiert) und ergab die folgenden Ergebnisse[25]:

Ziel 1 auf gesellschaftlicher Ebene:

Über LOFT bringen wir einen mit anderen Freien Trägern abgestimmten Vorschlag zur Änderung des ThürEBG in das Landeskuratorium ein, der die Abrechenbarkeit von digitalen Veranstaltungen beinhaltet.

Ziel 2 auf Ebene der Ausrichter

Wir machen eine Bestandsaufname zu den Einstellungen und Kompetenzen hinsichtlich der Nutzung digitaler Medien bei unseren TeilnehmerInnen sowie deren technischer Ausstattung in allen drei Säulen der LEB.

Ziel 3 auf Ebene der MitarbeiterInnen und DozentInnen

Wir machen eine Bestandsaufname zu den Einstellungen, Erfahrungen, Wünschen und Kompetenzen hinsichtlich der Nutzung digitaler Medien bei den MitarbeiterInnen der Geschäftsstelle sowie den Anforderungen und Herausforderungen an unsere DozentInnen in allen drei Säulen der LEB.

Begleitend zur Bestandsaufnahme der Einstellungen und Kompetenzen wird ebenfalls ein Katalog zur Verbesserung der technischen Ausstattung erstellt.

---

[25] Die vorgenommene Terminierung wurde hier weggelassen.

Ziel 4 auf Ebene der Strukturen und Prozesse

Die Strukturen und Prozesse werden hinsichtlich der Digitalisierung in Bezug auf Verantwortlichkeiten, Abläufe und Formate einer Überprüfung unterzogen.

Ziel 5 auf Ebene der Kundenentwicklung

Vor dem Hintergrund der strategischen Entwicklungsziele, in Verbindung mit der Zielsetzung neue Zielgruppen zu erschließen, werden

(1) die „digitalen Pioniere" identifiziert, qualifiziert und in ihrer Arbeit begleitet und

(2) die Infrastrukturen für eine Vernetzung geschaffen.

Ziel 6 auf der Ebene „Labor"

Eine erste Konzeption und Schritte ihrer Realisation für das „Labor für digitale Formate" wird in einem Workshop der Geschäftsstelle entwickelt (hierzu die Ergebnisse des dritten Workshops, die im Folgenden dargestellt werden).

Ziel 7 auf der Ebene des Programmangebots

Die Arbeit am Programmangebot soll unter zwei Aspekten erfolgen:

Zum einen wird ein Qualifikationsangebot für noch zu definierende Zielgruppen in der Anwendung digitaler Medien entwickelt; dabei sollen insbesondere hybride Formate berücksichtigt werden.

Zum anderen wird das Programmangebot einer kritischen Analyse unterzogen und Ideen zur Erweiterung erarbeitet.

Abschließend wurde jedes der Ziele in einzelne Arbeitsschritte gegliedert, mit Verantwortlichkeiten versehen und zeitlich terminiert.

Im Zentrum des dritten Workshops stand die *Konzepterstellung für das Labor*. Es sollten erste Antworten auf die Frage gefunden werden: Was soll das Labor leisten und was kann im Labor ausprobiert werden? Es ging zum einen darum, Klarheit

ISÖ
Institut für
Sozialökologie

über die Struktur des angedachten Labors zu gewinnen und zum anderen eine Vorstellung darüber zu bekommen, was im Labor genau stattfinden soll.

Von den MitarbeiterInnen der LEB wird für die Arbeit im und mit dem Labor klar eine *Grundhaltung* artikuliert, die zum Ausdruck bringt, dass es darum geht, sowohl eigene Kompetenzen im Umgang mit den digitalen Herausforderungen zu entwickeln als dabei auch Chancen für die Einrichtung zu erschließen.

Hinsichtlich der *Arbeitsweise* herrscht die Vorstellung, experimentell Dinge zu erproben; dabei dürfe der Spaß und die Neugierde auch nicht zu kurz kommen.

Bezüglich der *Inhalte* herrscht derzeit Offenheit.

In dem ersten Arbeitsschritt zur Erstellung der Gesamtkonzeption des Labors ging es um die *Architektur des Labors* insgesamt. Hierzu zählen die Struktur (A), das Anliegen (B), die Beteiligten (C), die Maßnahmen (D) sowie die Zeiten und Räume (E).

A Die *Struktur* soll aus den folgenden Elementen bestehen (Abb. 38):

Abbildung 38: Struktur des Labors

Quelle: Ergebnis des Workshops vom 28. Januar 2020

ISÖ
Institut für
Sozialökologie

1. Praxis in den drei Säulen der LEB:

Hier geht es um das Identifizieren von Veränderungswünschen und das Aufgreifen von entsprechenden Ideen.

2. Konzeptentwicklung:

Hier geht es um die Entwicklung konzeptioneller Lösungsideen in Bezug auf die in der Praxis identifizierten Wünsche und Ideen.

3. Auswertung der neuen gesammelten Erfahrungen:

Hier geht es darum, die umgesetzten konzeptionellen Ideen zu reflektieren auszuwerten und zu modifizieren; hierfür gilt es Orte und Zeiten zu vereinbaren und dafür Sorge zu tragen, dass die Erfahrungen geteilt werden und sich die ErfahrungsträgerInnen vernetzen.

4. Aufbau und Nutzung einer digitalen Plattform:

Hier geht es darum, dass eine digitale Plattform ausgewählt, eingerichtet und erprobt wird.

5. Begleitung und Unterstützung:

Bei dieser Querschnittsaktivität geht es darum, dass Begleitungs- und Unterstützungsformate für die am Labor beteiligten Personen in Form von Weiterbildungen, Coachings, Workshops etc. definiert, verabredet und realisiert werden.

B Als *Anliegen* wird übereinstimmend artikuliert, einen geschützten Erfahrungsraum zum Probieren zu schaffen, in dem anschließend die Erkenntnisse gesichtet und gesammelt werden um sie schließlich in neue Routinen, die auch Teil des Qualitätsmanagements werden, zu überführen.

C Als *Beteiligte* werden das komplette interne Team der LEB sowie hinsichtlich der AusrichterInnen, Arbeitsgruppen und DozentInnen insbesondere die Gruppe der digitalen Pioniere, die es zum Teil noch zu identifizieren gilt, angesehen. Dahinter liegt die Überzeugung, dass es in einem ersten Schritt primär darum gehen soll, mit

ISÖ
Institut für
Sozialökologie

der Begeisterung jener zu arbeiten, die ein starkes Interesse an dem Thema haben, da diese später einen Sog auf andere auszuüben vermögen, die momentan vielleicht noch reserviert oder zurückhaltend reagieren.

D An konkreten Maßnahmen werden für das Labor die folgenden formuliert:

- Kommunikation und Internet,

- Lernsoftware,

- Audiostudio,

- Videotechnik,

- Präsentationstechnik und -tools sowie

- Software Arbeitsumgebung/Wiki.

Diese Maßnahmen sollen bereichsübergreifend angelegt sein, d. h. in jeder der AGs sollen VertreterInnen aus allen drei Säulen der LEB vertreten sein. Dabei soll die Vorgehensweise der Arbeitsgruppen in ihrer grundlegenden Anlage vergleichbar sein.

Verbindlich für alle Arbeitsgruppen soll sein, dass

- sie ein Wiki zu Tools und Tipps anlegen, auf das alle Zugriff haben,

- sie in einem festen Turnus Challenges definieren, die dokumentiert, geteilt und gemeinsam reflektiert werden und

- Weiterbildungsangebote organisiert werden.

E In Bezug auf Zeiten und Räume sind allen Beteiligten drei Dinge wichtig: Es soll

(a) ein festes Zeitbudget für alle MitarbeiterInnen für die Mitwirkung am Labor geben,

(b) die räumliche bzw. digitale Voraussetzung für das Labor geschaffen werden und

ISÖ
Institut für
Sozialökologie

(c) regelmäßige Termine für die einzelnen Arbeitsgruppen festgelegt werden.

In dem nächsten Schritt ging es darum, die unter D definierten Maßnahmen konkret zu planen; dazu wurde ein einheitliches Raster für alle Maßnahmen entworfen, das folgende Punkte enthält:

- Beschreibung der Maßnahme (Konzept, Experiment, Bewertung, Verbreitung),

- Säule der LEB,

- Zeitschiene und

- Verantwortlichkeiten.

Für die jeweiligen Maßnahmen gilt dabei die in der Struktur vorgegebene Ablauf von Konzipieren, Ausprobieren, Bewerten und Verbreiten.

Beispielhaft wurde dies am Beispiel der Maßnahme Kommunikation und Internet durchdekliniert. Da im Workshop selbst die Zeit fehlte, die weiteren Maßnahmen im Detail auszuarbeiten wurden anschließend in Teamsitzungen in einem analogen Verfahren die weiteren Maßnahmen bearbeitet. Hierfür wurde je ein Tableau erstellt.

In der nächsten Phase des Projektes „LEB-Digital", der Umsetzungsphase, wird es darum gehen, die erarbeitete Konzeption umzusetzen und ggf. nachzujustieren. Es empfiehlt sich ein agiles Vorgehen, das auch hinreichend Phasen der Reflexion einbezieht, um die Veränderungsbalance zu berücksichtigen und so den nachhaltigen Erfolg sicherzustellen.

Dabei wird auch zu berücksichtigen sein, dass die zum Teil sinnvollen „Notfallmaßnahmen" in der ersten Phase der Corona-Krise nicht zur alleinigen Planungsgrundlage für eine zeitgemäße Bildung in einer Kultur der Digitalität werden (Schratz 2020, S. 8). Die Verfügbarkeit digitaler Medientechnologien ist zwar eine notwendige aber keine hinreichende Bedingung für einen pädagogisch sinnvollen Einsatz entsprechender Tools und Techniken (vom Orde 2020, S. 14). Im Vordergrund bleibt die Professionalität erwachsenenpädagogischen Handelns auf der Basis methodisch-didaktisch durchdachter Konzepte, die ein dreifaches In-Beziehung-gehen (a) zu sich selbst und dem eigenen Lernen, (b) zum sozialen Kontext, in dem gelernt wird und (c) zum eigentlichen Lerngegenstand ermöglicht (Schäfer 2017a, S. 56ff.).

Neben den Lehr-Lern-Prozessen ist im Prozess der Umsetzung der Digitalisierungsstrategie ebenso auf das Organisationsgefüge der LEB zu schauen. Mit der Einführung und Nutzung neuer technologischer Möglichkeiten verändert sich nämlich auch die soziale Struktur und das Teamgefüge, was bereits in den Workshops thematisiert wurde. Die hiermit verbundenen Veränderungen und Auswirkungen seien an einem Beispiel exemplarisch kursorisch erläutert. Während in den früher überwiegend analogen Geschäftsabläufen gelegentlich das Phänomen aufgetreten ist, wie berichtet wurde, dass zusätzliche Informationen zu bestimmten Vorgängen von der Leitungsebene vermehrt eingefordert wurden, wird es im Übergang zur Verlagerung vieler Geschäftsabläufe auf die Kommunikationsplattform Microsoft Teams aus der früheren Bringschuld der Leitungsebene eine Holpflicht aller Mitarbeitenden. Deshalb wird es von enormer Wichtigkeit sein, das Zusammenspiel der kulturellen, sozialen und technischen Subsysteme stets im Auge zu behalten.

In der Umsetzungsphase wird auch darauf zu achten sein, wie es gelingen kann, sowohl die Ergebnisse des Europäischen Projektes der LEB zur Digitalisierung in der Erwachsenenbildung als auch die Erkenntnisse der AG Regionale Bildung aus dem Bereich der politischen Bildung implementiert werden können.

Außerdem besteht Interesse daran, die Erkenntnisse der LEB langfristig in der Thüringer Erwachsenenbildung zu diskutieren und zu teilen.

3   Empfehlungen

1. Der *Auftrag* der Erwachsenen- und Weiterbildungseinrichtungen in der digitalen Transformation ist es, BürgerInnen die Möglichkeiten des Zugangs zu den technischen und sozialen Voraussetzungen des digitalen kooperativen Lernens zu gewährleisten, Kenntnisse über digitale Entwicklungen zu vermitteln, Bedingungen für das Ausprobieren technischer Möglichkeiten zu schaffen, den Erwerb von Medienkompetenz zu fördern und einen gesellschaftlichen Dialog über die einzuschlagenden Mediatisierungspfade zu initiieren und zu führen.

2. Die Erwachsenenbildungsinstitutionen sind herausgefordert, im Rahmen ihrer Organisationsentwicklung eine Digitalisierungsstrategie zu konzipieren, die sich daran ausrichtet, Teilhabechancen zu vergrößern, Zugangsbarrieren abzubauen und der digitalen Spaltung entgegenzuwirken.

3. Um die öffentliche Erwachsenen- und Weiterbildung zukunftsfähig zu machen und sie für Erfordernisse und Möglichkeiten der digitalen Netzwerkgesellschaft zu stärken, bedarf es der expliziten *Förderung der digitalen Infrastrukturen, der professionsbezogenen Kompetenzen sowie der Entwicklung innovativer Lehr-Lern-Formate* in allen Bereichen der Erwachsenen- und Weiterbildung durch Förderprogramme wie sie für andere Bildungssektoren gelten.

4. Das *Abrechnungssystem* zur Ermittlung der förderfähigen Unterrichtsstunden und Teilnehmertage nach dem Thüringer Erwachsenenbildungsgesetz sollte die pädagogische Durchführung sowie die technische Betreuung von digitalen bzw. hybriden Lehr-Lern-Formaten berücksichtigen.

5. Die *Open Educational Resources (OER)* sollten in der Erwachsenen- und Weiterbildung ihren festen Platz haben. Die öffentlich geförderte Erwachsenen- und Weiterbildung ist gefordert, neben ihrem traditionellen kursförmigen Angebot offen zugängliche Bildungsplattformen und digitale Bildungsmaterialien zu offerieren, in

ISÖ
Institut für
Sozialökologie

denen Bildungsressourcen zum Selbstlernen bereitstehen, die zeit- und ortsunabhängig jederzeit abgerufen werden können.

6. Im Rahmen der Digitalisierungsstrategien sollten die Erwachsenenbildungseinrichtungen das Lifelong Learning zunehmend auch auf ihre eigene Organisationsstruktur im Sinne der *lernenden Organisation* anwenden, indem sie eine unterstützende fehlerfreundliche Lernkultur ermöglichen, Freiräume für Experimente schaffen und lernaffine Führungskräfte fördern.

7. Eine *Professionalisierungsstrategie* der Erwachsenen- und Weiterbildungseinrichtungen sollte eine flächendeckende und kontinuierliche Fortbildung des Weiterbildungspersonals beinhalten, um neue Formen des hybriden Lehrens und Lernens in guter Qualität zu realisieren und mit neuen veränderten Rollenanforderungen im Lehr-Lern-Prozess vertraut zu werden.

8. Die Verfahren zur *Qualitätssicherung*, insbesondere auch für die Medienbildung, gilt es im Hinblick auf die durch die Digitalisierung veränderten Herausforderungen zu überprüfen und anzupassen.

9. Im Sinne der Schaffung von einrichtungsübergreifenden Synergien und der effizienten Ressourcennutzung empfiehlt es sich, die Angebote zur Förderung der medialen und digitalen Kompetenzentwicklung des Weiterbildungspersonals und darauf bezogener *Austausch- und Reflexionsangebote träger- bzw. verbandsübergreifend* zu organisieren.

10. Eine *Supportstruktur* für die Digitalität in der Erwachsenen- und Weiterbildung auf Landesebene sollte vorhandene Kompetenzen und Ressourcen im quartären Bildungssektor bündeln und ihre Expertise den Einrichtungen und Verbänden der Erwachsenen- und Weiterbildung durch Beratungs- und Serviceleistungen zur Verfügung stellen.

11. Um die wachsende Bedeutung der Vernetzung im Prozess der Digitalisierung zu nutzen, sollte bei den Erwachsenen- und Weiterbildungseinrichtungen verstärkt

ISÖ
Institut für
Sozialökologie

das Augenmerk darauf liegen, eigene Zielsetzungen im *Zusammenwirken von staatlichen, wirtschaftlichen und zivilgesellschaftlichen Akteuren* zu verfolgen.[26]

12. Die Idee des lebenslangen bzw. lebensbegleitenden Lernens ist ein bildungspolitisches Konzept, das alle Altersstufen, Bildungsinstitutionen und Lernformen umfasst und einen bildungsbereichsübergreifenden Anspruch formuliert. Bewähren muss sich dieser in den *kommunalen Bildungslandschaften*. Die Prozesse zur Gestaltung eines dichten Netzes aus unterschiedlichen Bildungsangeboten für alle Lebensphasen können im Zeichen der digitalen Transformation von Erwachsenen- und Weiterbildungseinrichtungen moderiert werden.

Abschließend werden die zentralen Herausforderungen der digitalen Transformation der Erwachsenen- und Weiterbildung im Prozess der Personal- und Organisationsentwicklung resümierend dargestellt (Abb. 39).

Abbildung 39: Die Herausforderungen der digitalen Transformation der Erwachsenen- und Weiterbildung

Quelle: Eigene Darstellung

---

[26] Hierfür bietet es sich bspw. an, das vom Bundesministerium für Arbeit und Soziales (BMAS) im Jahr 2020 gestartete Bundesprogramm zum Aufbau von Weiterbildungsverbünden zu nutzen. Ziel dieses Programms ist es mit Hilfe regionaler Koordinierungsstellen verbindliche Kooperations- und Vernetzungsstrukturen zwischen Unternehmen, Bildungs- und Beratungseinrichtungen sowie wichtigen Akteuren der Weiterbildungslandschaft aufzubauen.

4 Literatur

Albrecht, S. & Revermann, C. (2016). *Digitale Medien in der Bildung*. Büro für Technikfolgen-Abschätzung beim Deutschen Bundestag. Arbeitsbericht, Bd. 171. Berlin: KIT.

Alke, M. & Rauber, M. (2020*). Intermediäre im digitalen Wandel der Weiterbildung? Professionalisierung des hauptberuflichen pädagogischen Personals*. In: weiter bilden, 3, S. 57 – 60.

Altenrath, M., Helbig, Ch. & Hofhues, S. (2020). *Deutungshoheiten: Digitalisierung und Bildung in Programmatiken und Förderrichtlinien Deutschlands und der EU*. In: Zeitschrift MedienPädagogik, 17, S. 565–594. DOI: 10.21240/mpaed/jb17/2020.05.22.X.

Andree, M. & Thomsen, T. (2020). *Atlas der digitalen Welt*. Frankfurt. Campus.

Angermeier, G. (2018). Stacey-Matrix. https://www.projektmagazin.de/glossarterm/stacey-matrix.

Aßmann, S., Brüggen, N., Dander, V., Gapski, H., Sieben, G., Tillmann, A., & Zorn, I. (2016). *Digitale Datenerhebung und -verwertung als Herausforderung für Medienbildung und Gesellschaft. Ein medienpädagogisches Diskussionspapier zu Big Data und Data Analytics*. In: M. Brüggemann, T. Knaus & D. Meister (Hrsg.), Kommunikationskulturen in digitalen Welten. kopaed Verlag: München. im Druck.

Autorengruppe Bildungsberichterstattung (2020). *Bildung in Deutschland 2020*. Bielefeld: wbv Media.

Baacke, D., Schäfer, E., & Treumann, K. P. V. I. (1990). *Neue Medien und Erwachsenenbildung*. Berlin; New York: Walter de Gruyter.

Baecker, D. (2018). *4.0 oder Die Lücke die der Rechner lässt*. Berlin: Merve.

Becker, R. (2020). *Markenschutz Begriff „WEBINAR". Drohen Abmahnungen?* In: Trainingaktuell 31 (8), S. 14 – 15.

Beisner, R., & Häfelinger, M. (2016). *Coaching von losen Arbeitszusammenhängen*. In R. Wegener et al. (Hrsg.), Coaching als individuelle Antwort auf gesellschaftliche Entwicklungen (S. 202 – 211). Wiesbaden: Springer Fachmedien.

Bellmann, L., Gleiser, P., Kagerl, C., Kleifgen, E., Koch, T., & König, C., Kruppe, T., Lang, J., Leber, U., Pohlan, L., Roth, D., Schierholz, M., Stegmaier, J., Aminian, A. (2020). *Weiterbildung in der Covid-19-Pandemie stellt viele Betriebe vor Schwierigkeiten*. IAB-Forum, 9. Dezember 2020. Nürnberg: Instituts für Arbeitsmarkt- und Berufsforschung. https://www.iab-forum.de/weiterbildung-in-der-covid-19-pandemie-stellt-viele-betriebe-vor-schwierigkeiten/

Bernhard-Skala, Ch., Bolten-Bühler, R., Koller, J., Rohs, M. & Wahl, J. (Hrsg.) (2021): Erwachsenenpädagogische Digitalisierungsforschung. Bielefeld: wbv.

Bolten-Bühler, R. (2021). *Medialer Habitus von Lehrenden in der Erwachsenenbildung. Biografische Analysen medienpädagogischer Professionalisierung*. Bielefeld. WBV Media.

Böhle, F., Huchler, N., & Neumer, J. (2019). *Wozu noch menschliche Arbeit – Grenzen der Digitalisierung als neue Herausforderung für die Weiterbildung*. In: E. Haberzeth & I. Sgier (Hrsg.), Digitalisierung und Lernen: Gestaltungsperspektiven für das professionelle Handeln in der Erwachsenenbildung und Weiterbildung (S. 21–43). Bern: hep verlag.

Brecht, B. (1967). *Radiotheorie 1927 bis 1932. Gesammelte Werke*. Schriften zur Literatur und Kunst, Bd. 18. Frankfurt am Main: Shurkamp.

Bremer, C. (o.J.). *Überblick über die Szenarien netzbasierten Lehrens und Lernens*. o.O. https://www.google.com/url?sa=t&rct=j&q=&esrc=s&source=web&cd=&cad=rja&uact=8& ved=2ahUKEwjXjvmn_rnuAhXExqQKHWylBpEQFjAAegQIBxAC&url=https%3A%2F%2Fww w.bremer.cx%2Fmaterial%2FBremer_Szenarien.pdf&usg=AOvVaw3aLk85YBIeKoR4oEp1 TGhd. Zugegriffen: 28. Januar 2021

Brinck, Ch. (2015): *Die digitale Universität. Massiv gescheitert*. In: Die Zeit, Nr. 44, 29. Oktober, S. 70.

Büchner, S. (2018). Zum Verhältnis von Digitalisierung und Organisation. Zeitschrift für Soziologie, 47(5), 332–348. DOI: 10.1515/zfsoz-2018-0121.

Bürgisser, H. (2006). *Intervision: Eine innovative Form selbstorganisierten Lernens*. In C. Steinebach (Hrsg.), Handbuch Psychologische Beratung (S. 565–573). Stuttgart: Klett-Cotta.

Bundesministerium für Arbeit und Soziales & Bundesministerium für Bildung und Forschung. (2019). *Nationale Weiterbildungsstrategie*. Verfügbar am 07.03.2020 unter https://www.bmbf.de/files/NWS_Strategiepapier_barrierefrei_DE.pdf

Bundesministerium für Bildung und Forschung (BMBF). (Hrsg.) (2021). *Initiative Digitale Bildung*. https://www.bmbf.de/de/bildung-digital-3406.html.

Bundesministerium für Bildung und Forschung (BMBF). (Hrsg.) (2020). *Digitalisierung in der Weiterbildung. Ergebnisse einer Zukunftsstudie zum Adult Education Survey 2018*. Bonn: BMBF.

Bundesministerium für Bildung und Forschung (BMBF). (Hrsg.) (2019). *Weiterbildungsverhalten in Deutschland 2018. Ergebnisse des Adult Education Survey – AES-Trendbericht*. Bonn: BMBF.

Bundesarbeitskreis Arbeit und Leben (AL), Bundesverband der Träger beruflicher Bildung (BBB), Deutsche Evangelische Arbeitsgemeinschaft für Erwachsenenbildung (DEAE), Deutscher Volkshochschul-Verband (DVV), Katholische Erwachsenenbildung Deutschland (KEB), & Verband Deutscher Privatschulen (VDP) (Hrsg.). (2015). *Digitale Teilhabe für Alle ermöglichen: Digitale Agenda der Bundesregierung muss Weiterbildung stärken*. Bonn.

Die Bundesregierung (Hrsg.). (2014). *Digitale Agenda 2014–2017*. München: PRpetuum GmbH.

Castells, Manuel (2017*). Der Aufstieg der Netzwerkgesellschaft: Das Informationszeitalter. Wirtschaft. Gesellschaft. Kultur*. Wiesbaden: Springer VS.

Center for Digital Dannelse: The Digital Competence Wheel. https://digital-competence.eu/dc/result/?uri=ece8b56708ae1e4973bcc0c9438cf16a. Zugegriffen: 28. Januar 2021

Centre for Educational Research and Innovation (CERI). (1973). *Recurrent Education: A strategy for lifelong learning*. Paris: OECD.

Christ, J. & Koscheck, S. (2021). *Auswirkungen der Corona-Pandemie auf Weiterbildungsanbieter. Vorläufige Ergebnisse der wbmonitor Umfrage 2020*. Bonn: Bundesinstitut für Berufsbildung.

Christ, J., Koscheck, S., Martin, A., Ohly, H. & Widany, S. (2020). *Digitalisierung. Ergebnisse der wbmonitor Umfrage 2019*. Bonn: Bundesinstitut für Berufsbildung.

ISÖ
Institut für
Sozialökologie

Comenius, J. A. (2000). *Große Didaktik.* Übersetzt und hrsg. von Andreas Flitner (9. Aufl.). Stuttgart: Klett-Cotta.

Dander, V. (2020). *Sechs Thesen zum Verhältnis von Bildung, Digitalisierung und Digitalisierung.* In: Dander, Valentin, Bettinger, Patrick, Ferraro, Estella, Leineweber, Christian, & Rummler, Klaus (Hrsg.) (2020). Digitalisierung – Subjekt – Bildung. Kritische Betrachtungen der digitalen Transformation. (S 19 - 37). Opladen, Berlin, Toronto: Barbara Budrich.

Deutsche Gesellschaft für Erziehungswissenschaft, Sektion Erwachsenenbildung. (2019). *Der Sektionsvorstand Erwachsenenbildung fordert eine umfassendere Weiterbildungsstrategie und eine stärkere Einbeziehung wissenschaftlicher Erkenntnisse.* Stellungnahme vom 24. Oktober 2019.

Deutscher Bildungsrat (Hrsg.) (1970). *Empfehlungen der Bildungskommission. Strukturplan für das Bildungswesen.* Stuttgart: Ernst Klett Verlag.

DGfE (Deutsche Gesellschaft für Erziehungswissenschaft, Sektion Erwachsenenbildung) (2020). *Der Sektionsvorstand Erwachsenenbildung betont die Rolle der Erwachsenen- und Weiterbildung in der Bewältigung der Corona-Krise.* o.O.

DGWF [Deutsche Gesellschaft für wissenschaftliche Weiterbildung und Fernstudium]. (2010). *DGWF-Empfehlungen zu Formaten wissenschaftlicher Weiterbildung.* Bielefeld: DGWF.

Deutscher Ausschuss für das Erziehungs- und Bildungswesen. (1960). *Zur Situation und Aufgabe der deutschen Erwachsenenbildung. Empfehlungen und Gutachten des Deutschen Ausschusses für das Erziehungs- und Bildungswesen 1953–1965.* Gesamtausgabe (Bd. 1966). Stuttgart: Ernst Klett Verlag.

Deutscher Volkshochschul-Verband (Hrsg.) (2020). *Volkshochschulen bekräftigen Forderung nach einer digitalen Bildungsoffensive. Digitalisierungsboom offenbart breiten Lernbedarf.* https://www.volkshochschule.de/pressemitteilungen/vhs-fordern-digitale-bildungsoffensive.php

Deutscher Volkshochschul-Verband (Hrsg.) (2019). *Manifest zur digitalen Transformation von Volkshochschulen. Verabschiedet durch den Mitgliederrat des Deutschen Volkshochschul-Verbandes e. V. am 5. Dezember 2019.* https://www.volkshochschule.de/verbandswelt/Digitalisierungsstrategie/manifestdigital etransformation-von-vhs.php. Zugegriffen: 26. Januar 2021.

Deutscher Volkshochschul-Verband (2015). Strategiepapier „Erweiterte Lernwelten". Saarbrücken. https://www.bildungsserver.de/innovationsportal/bildungplusartikel.html?artid=1018. Zugegriffen: 26. Januar 2021.

Deutscher Weiterbildungstag (2016): *Weiterbildung 4.0 – fit für die digitale Welt. Die politische Plattform zum Deutschen Weiterbildungstag 2016.* Beschlossen im DWT Veranstalterausschuss am 08.04.2016, ergänzt am 23.05 2016.

Dewe, B. (2006). *Erwachsenenbildung/Weiterbildung.* In H.-H. Krüger & C. Grunert (Hrsg.), Wörterbuch Erziehungswissenschaft (2. Aufl.) (S. 121–128). Opladen & Farmington Hills: Verlag Barbara Budrich.

DIPF (Leibniz-Institut für Bildungsforschung und Bildungsinformation) (Hrsg.) (2020). *Bildung in der digitalen Welt: Potenziale und Herausforderungen.* Positionspapier des Leibniz-Forschungsnetzwerks Bildungspotenziale. https://www.dipf.de/de/dipf-aktuell/pressemitteilungen/fuer-die-digitalisierung-der-bildung-braucht-es-ein-strategisches-gesamtkonzept

Dudenhöffer, K. & Meyen, M. (2012). *Digitale Spaltung im Zeitalter der Sättigung.* Publizistik 57, S. 7–26. https://doi.org/10.1007/s11616-011-0136-3.

EduAction Erklärung (2016). *ZukunftsBildung jetzt gestalten!* Mannheim, Heidelberg: Genisis Institute gemeinnützige GmbH und Metropolregion Rhein-Neckar.

Ehmer, S., Regele, W., & Schober-Ehmer, H. (2016). *Überleben in der Gleichzeitigkeit. Leadership in der "Organisation N.N.".* Heidelberg: Carl-Auer.

Ehmig, S. C. (2021). Lesen im digitalen Wandel. https://www.alphadekade.de/de/bildungsferne-bevoelkerungsgruppen-drohen-durch-digitalisierung-abgehaengt-zu-werden-2833.html

Ebner, M. & Ebner, M. (2018). *Lernen unter der Lupe. Wie „Learning Analytics" individuelles Lernen unterstützt.* In : Computer + Unterricht, 30, 110/2018, S. 11–12.

Ebner, M., Schön, S. & Nagler, W. (Hrsg.) (2013). *L3T Lehrbuch für Lernen und Lehren mit Technologien.* o. O. CC BY-SA L3T, http://l3t.eu

Eckelt, A. & Enk, C.-M. (2017). *Lernarrangements mit dem Lernpartner Computer.* In: J. Erpenbeck & W. Sauter (Hrsg.) Handbuch Kompetenzentwicklung. im Netz. Bausteine einer neuen Lernwelt. S. 473 – 488. Stuttgart: Schäffer-Poeschel.

Egetenmeyer, R. & Grafe, S. (2017): *DigiEB – Digitalisierung in der Erwachsenenbildung und beruflichen Weiterbildung. Vorhabensbeschreibung.* Würzburg: Julius-Maximilians-Universität.

Egetenmeyer, R., Lechner, R., Treusch, N. & Grafe, S. (2020). *Digitalisierung und Mediatisierung in der Erwachsenenbildung/Weiterbildung. Gelingensdimensionen auf der Ebene von Dachorganisationen und Einrichtungen.* In: Hessische Blätter für Volksbildung, 70 (3), S. 24 – 33.

Egloffstein, M., Heilig, T. & Ifenthaler, D. (2019). Entwicklung eines Reifegradmodells der Digitalisierung für Bildungsorganisationen - In: E. Wittmann, D. Frommberger, U. Weyland, U. (Hrsg.). *Jahrbuch der berufs- und wirtschaftspädagogischen Forschung,* S. 31-44. Opladen, Berlin, Toronto: Verlag Barbara Budrich.

Eickelmann, B. & Drossel, K. (2020). *Lehrer*innenbildung und Digitalisierung – Konzepte und Entwicklungsperspektiven.* In: van Ackeren, I., Bremer, H., Kessl, F., Koller, H.-Ch., Pfaff, N., Rotter, C., Klein, D., & Salaschek, U. (Hrsg.) (2020). Bewegungen. Beiträge zum 26. Kongress der Deutschen Gesellschaft für Erziehungswissenschaft. S. 349 – 362. Opladen, Berlin, Toronto: Budrich.

Encarnação, J. L., Leidhold, W. & Reuter, A. (2000). *Szenario: Die Universität im Jahre 2005.* In: AUE-Informationsdienst Hochschule und Weiterbildung 17 Jg., 1, 7–13.

Enzensberger, H. M. (1970). *Baukasten zu einer Theorie der Medien.* Kursbuch, Bd. 20 (S. 159–186). Frankfurt am Main: Suhrkamp.

Europäische Kommission. (1995). *Weißbuch zur allgemeinen und beruflichen Bildung. Lehren und Lernen. Auf dem Weg zur kognitiven Gesellschaft.* Luxemburg: Amt für amtliche Veröffentlichungen der Europäischen Gemeinschaften.

Europäische Kommission. (2001). *Mitteilung der Kommission. Einen europäischen Raum des Lebenslangen Lernens schaffen.* Brüssel: Kommission der Europäischen Gemeinschaften.

Europäischer Rat. (2000). *Schlussfolgerungen des Vorsitzes, Ziffer 33.* Santa Maria da Feira.

ISÖ
Institut für
Sozialökologie

Faure, E., Herrera, F., Kaddoura, A.-R., Lopes, H., Petrovsky, A.V., Rahnema, M. et al (1973). *Wie wir leben lernen. Der UNESCO-Bericht über Ziele und Zukunft unserer Erziehungsprogramme.* Reinbek bei Hamburg: Rowohlt.

FernUniversität Hagen (Hrsg.) (2020). *Lernen neu denken. Das Hagener Manifest zu New Learning.* Hagen: FernUniversität.

Filzmoser, G. (2021). *Bildungshäuser im digitalen Wandel. Entwicklungspotenziale für das Bildungsmanagement.* Bielefeld. WBV Media.

Fischer, G. (2021). *Challenges and Opportunities of COVID-19 for Rethinking and Reinventing Learning, Education, and Collaboration in the Digital Age.* In: merz | medien + erziehung, 65 (1), S. 30 – 36.

Fogolin, A. (2021). *Orts- und zeitunabhängig lernen.* In: Weiterbildung. Zeitschrift für Grundlagen, Praxis und Trends, 32 Jg., 1, S. 14–17.

Fogolin, A. (2020). *Strukturdaten Distance Learning/Distance Education 2020.* Bonn: Bundesinstitut für Berufsbildung.

Franz, J. & Robak, S. (2020): *Best-practice-Beispiele für digitale Weiterbildungsangebote.* In: Hessische Blätter für Volksbildung, 70 (3), S. 76–88.

Fraunhofer Academy (2017). *Weiterbildungs-Netflix oder New Modern Times?* https://www.academy.fraunhofer.de/de/newsroom/blog/2017/11/foresight-szenarien.html Zugegriffen: 30. November 2020.

Gapski, H. & Packard, S. (Hrsg.) (2021). Super-Scoring? Datengetriebene Sozialtechnologien als neue Bildungsherausforderung. Düsseldorf und München. Kopaed.

Geisler, M. (2019). *Digitale Spiele in der Medienpädagogik - Einstellungen, Erfahrungen und Haltungen von Spielleitenden.* München. kopaed Verlag.

Gergs, H.-J. (2016). Die Kunst der kontinuierlichen Selbsterneuerung. Acht Prinzipien für ein neues Change Management. Weinheim & Basel: Beltz.

Gesellschaft für Informatik (2019): Charta Digitale Bildung. https://charta-digitale-bildung.de/

Gesellschaft für Medienpädagogik und Kommunikationskultur (Hrsg.). (2016). *Datafizierung des Lebens – ein medienpädagogisches Positionspapier der GMK und KBoM.* Bielefeld.

Gewerkschaft Erziehung und Wissenschaft (GEW) (2019). *Aktivitäten der Digitalindustrie im Bildungsbereich.* www.gew.de/index.php?eID=dumpFile&t=f&f=91790&token=76e262551195777636f30dc 9c5d78ceccf8db8bf&sdownload=&n=DigitalIndustrieBB-2019-A4-web.pdf [Zugriff: 07.01.2021].

Giesecke, H. (2010). *Pädagogik als Beruf: Grundformen pädagogischen Handelns* (10. Auflage). Weinheim und München: Juventa.

Gieseke, W. & Hippel, A. von (2019): *Programmplanung als Konzept und Forschungsgegenstand.* In: In: Fleige, Marion; Gieseke, Wiltrud; Hippel, Aiga von; Käpplinger, Bernd; Robak, Steffi (Hrsg.): Programm- und Angebotsentwicklung in der Erwachsenen- und Weiterbildung. Lehrbücher für die Erwachsenen- und Weiterbildung. Band 2. Bielefeld: wbv Publikation, S. 39–51.

Giessen, H. W. (2011). *Medien- und medieneffektabhängiges Vokabellernen.* Journal of Linguistics and Language Teaching (JLLT), 2(2), 325–336.

ISÖ
Institut für
Sozialökologie

Glasl, F., Kalcher, T. & Piber, H. (Hrsg.) (2020). *Professionelle Prozessberatung. Das Trigon-Modell der sieben OE-Basisprozesse.* 4., überarbeitete und ergänzte Auflage. Bern Haupt.

Gollmer, P. (2020): *"Zoom-Müdigkeit": Warum kosten uns Videoanrufe so viel Energie?* In: NZZ (https://www.nzz.ch/technologie/zoom-muedigkeit-wieso-videochats-soanstrengend-sind-ld.1556531. Zugegriffen: 27. Januar 2021.

Grotlüschen, A. (2003): *Widerständiges Lernen im Web – virtuell selbstbestimmt? Eine qualitative Studie über E-Learning in der beruflichen Erwachsenenbildung.* Münster: Waxmann.

Graf, N., Gramß, D., & Heister, M. (2016). *Gebrauchsanweisung für lebenslanges Lernen.* Düsseldorf: Vodafone Stiftung Deutschland.

Granström, M. B. & Niedermeier, S. (2021). *„Innovate or die".* In: Weiterbildung. Zeitschrift für Grundlagen, Praxis und Trends, 32 Jg., 1, S. 18–20.

Günther, D., Kirschbaum, M., Kruse, R., Ladwig, T., Prill, A., Stang, R. & Wertz, I. (2019). *Zukunftsfähige Lernraumgestaltung im digitalen Zeitalter.* Thesen und Empfehlungen der Ad-hoc Arbeitsgruppe Lernarchitekturen des Hochschulforums Digitalisierung. Hochschulforum Digitalisierung, NR. 44. Verfügbar am 12.04.2021 unter https://hochschulforumdigitalisierung.de/sites/default/files/dateien/HFD_AP_44-Zukunftsfaehige_Lernraumgestaltung_Web.pdf

Hanstein, T. (2018). *Selbstmanagement – mit Coachingtools. Ressourcen erkennen, nutzen und pflegen.* Baden-Baden: Tectum Verlag.

Hanstein, T., & Lanig, A. (2020). *Digital Lehren. Das Homeschooling-Methodenbuch.* Baden-Baden: Tectum.

Hanstein, T., & Lanig, A. (2020). *Spirituelle Kompetenz in digitalen Lern- und Arbeitswelten.* Baden-Baden: Tectum.

Häfele, H. & Häfele-Meier, K. (2020). *101 Online-Seminarmethoden. Methoden und Strategien für die Online- und Blended-Learning-Seminarpraxis.* 2. Auflage. Bonn: managerSeminare.

Hafez, K. (2016). *Die Zeit der Unschuld ist vorbei. Aktuelle Auswirkungen der sozialen Medien. up2date.* Das Magazin der Thüringer Landesmedienanstalt, 3. Jg., Sonderausgabe 25 Jahre TLM: Ideen zur Medienzukunft, 32–33.

Haider, L. (2016). *Weiterbildung on demand. E-Learning für Eilige.* managerSeminare, 221(8), 78–86.

Hamadeh, J. (2014). *Braucht das Web eine Didaktik? Pro: Das Web braucht Didaktik so viel und so wenig wie das Offline-Lernen.* In: E. Klotmann, C. Köck, M. Lindner, N. Oberländer, J. Sucker & B. Winkler (Hrsg.), Der vhs MOOC 2013. Wecke den Riesen auf (S. 35–37). Bielefeld: W. Bertelsmann.

Hart, J. (2016). *20 ways to prepare yourself for modern workplace learning.* http://www.c4lpt.co.uk/blog/2016/04/20/20-ways-to-prepare-yourself-for-modernworkplace-learning/. Zugegriffen: 26. Januar 2021.

Hart, J. (2019). *Womit Menschen heute lernen.* In: Trainingaktuell 30 (12), S. 6 – 10.

Hartkemeyer, M., Hartkemeyer, J. F., & Hartkemeyer, T. (2015). *Dialogische Intelligenz. Aus dem Käfig des Gedachten in den Kosmos gemeinsamen Denkens.* (S. 41–47). Frankfurt am Main: Info3-Verlagsgesellschaft.

ISÖ
Institut für
Sozialökologie

Hattie, J. A. C. (2009). *Visible Learning. A synthesis of over 800 meta-analyses relating to achievement.* London & New York: Routledge.

Haufe Akademie (Hrsg.) (2019). *Whitepaper. Megatrend Neues Lernen.* https://www.haufe-akademie.de/l/whitepaper-neues-lernen/ Zugegriffen. 3. Mai 2021.

Heinen, R. & Kerres, M. (2015). Individuelle Förderung mit digitalen Medien. Handlungsfelder für die systematische, lernförderliche Integration digitaler Medien in Schule und Unterricht. Gütersloh: Bertelsmann Stiftung.

Henschler, J. (2019): Onlinegestützte Angebote an Volkshochschulen. Leitfaden zur Konzeption und zum Umgang mit onlinegestützten Kursen. Chemnitz: Sächsischer Volkshochschulverband. https://www.vhs-sachsen.de/fileadmin/user_upload/Dokumente/Henschler_Leitfaden_web.pdf.

Hinzen, H. (2021): *Erwachsenenbildung und Lebenslanges Lernen für die Weltgemeinschaft: Aktivitäten, Berichte, Empfehlungen.* In: Magazin erwachsenenbildung.at. Das Fachmedium für Forschung, Praxis und Diskurs. Ausgabe 42, 2021. Wien. Online im Internet: https://erwachsenenbildung.at/magazin/21-42/meb21-42.pdf.

Hüther, G. (2015). *Etwas mehr Hirn, bitte.* Göttingen: Vandenhoeck & Ruprecht.

Hugger, K.-U., & Walber, M. (Hrsg.). (2010). *Digitale Lernwelten: Konzepte, Beispiele und Perspektiven.* Wiesbaden: Springer VS.

Hüther, J. & Podehl, B. (1990). *Entwicklungsstadien und Positionen der Medienpädagogik.* In: A. Kommer & J. Bischoff (Hrsg.), Medienpädagogik (S. 94–140). Oldenburg: BIS Verlag.

Ifenthaler, D. & Schumacher, C. (2016). *Learning Analytics im Hochschulkontext.* In: WiSt Heft 4, S. 176 - 181.

Initiative D21 (Hrsg.). (2016). *D21-Digital-Index. Jährliches Lagebild zur digitalen Gesellschaft.* Berlin: Kantar TNS.

International Bank for Reconstruction and Development/The World Bank (Hrsg.). (2016). *World Development Report. Digital Dividends.* Washington DC.: World Bank Group.

Iske S., Klein A. & Verständig D. (2016). *Informelles Lernen und digitale Spaltung.* In: Rohs M. (eds.) Handbuch Informelles Lernen. Springer Reference Sozialwissenschaften. Springer VS, Wiesbaden. https://doi.org/10.1007/978-3-658-05953-8_26.

Jochumsen, H., Skot-Hansen, D. & Hvenegaard-Rasmussen, C. (2014). Erlebnis, Empowerment, Beteiligung und Innovation: Die neue Öffentliche Bibliothek. In O. Eigenbreodt & R. Stang (Hrsg.), *Formierungen von Wissensräumen: Optionen des Zugangs zu Information und Bildung* (S. 67–80). Berlin, Boston: De Gruyter.

Jüchter, H. T. (1971). *Das Modell eines Selbstlernzentrums.* In: H. Ruprecht (Hrsg.), Medienzentren im Bildungssystem (S. 107–140). Braunschweig: Westermann.

Keller, M. (2020). *Offizielle Stellungnahme WEBINAR® ist nicht gleich „Webinar".* In: Trainingaktuell 31 (8), S. 16.

Kern, U. & Kern, P. (2021). *Design Teaching – eine kreativ-innovative Weiterbildungsmethode.* In: Weiterbildung. Zeitschrift für Grundlagen, Praxis und Trends, 32 Jg., 1, S. 28–31.

Kerres, M. (2001). *Multimediale und telemediale Lernumgebungen* (2. Aufl.). München; Wien: Oldenbourg Verlag.

Kerres, M. (2016). *E-Learning vs. Digitalisierung der Bildung: Neues Label oder neues Paradigma?* In: A. Hohenstein & K. Wilbers, K. (Hrsg.). Handbuch E-Learning. Köln: Fachverlag Deutscher Wirtschaftsdienst. 61. Ergänzungslieferung.

Kerres, M. & Buntins, K. (2020). *Erwachsenenbildung in der digitalen Welt: Handlungsebenen der digitalen Transformation.* In: Hessische Blätter für Volksbildung, 70 (3), S. 11–24.

Kill, M. (2012). *Stichwort „Inkludierende Erwachsenenbildung".* DIE Zeitschrift für Erwachsenenbildung, 2, 20–21.

Kirchherr, J., Klier, J., Meyer-Guckel, V. & Winde, M. (2021). *Die Zukunft der Qualifizierung in Unternehmen nach Corona.* Essen: Stifterverband.

Klein, Zamyat, M. (2021). *150 kreative Webinar-Methoden.* 4. Auflage. Bonn: managerSeminare.

Koch, A. (2019). *Change-Diät statt Aktionismus.* https://www.elearning-journal.com/2019/04/12/change-diaet-statt-aktionismus/

Koch, A. (2017). *Change mich am Arsch: Wie Unternehmen ihre Mitarbeiter und sich selbst kaputtverändern.* Berlin: Ullstein.

Kommission der Europäischen Gemeinschaften. (2000). *Memorandum über Lebenslanges Lernen.* Brüssel: Kommission der Europäischen Gemeinschaften.

Krotz, F. (2016). *Zukunft der Medienentwicklung. Die Bedeutung computervermittelter Kommunikation für das gesellschaftliche Leben.* In die medienanstalten (Hrsg.), Medienkompetenz (S. 16–28). Leipzig: Vistas.

Kultusministerkonferenz (Hrsg.) (2017). *Strategie der Kultusministerkonferenz „Bildung in der digitalen Welt". Beschluss der Kultusministerkonferenz vom 08.12.2016 in der Fassung vom 07.12.2017.* https://www.kmk.org/themen/bildung-in-der-digitalen-welt/strategie-bildung-in-der-digitalen-welt.html. Zugegriffen: 26. Januar 2021.

Kuper, H. (2019). *Bildungsbeteiligung Erwachsener unter besonderer Berücksichtigung individueller und sozialer Bedingungen.* In O. Köller, M. Hasselhorn, F. W. Hesse, K. Maaz, J. Schrader, H. Solga, C. K. Spieß et al. (Hrsg.), Das Bildungswesen in Deutschland. Bestand und Potenziale (S. 731–756). Bad Heilbrunn: Klinkhardt.

Kübler, H.-D. (2018). *Was ist und was soll digitale Bildung?* In: merz | medien + erziehung, 62 (5), S. 16–24.

Kühl, W., Lampert, A., & Schäfer, E. (2018). *Coaching als Führungskompetenz. Konzeptionelle Überlegungen und Modelle.* Göttingen: Vandenhoeck & Ruprecht.

Lakemann, U. & Schäfer, E. (2017). *Möglichkeiten, Bedingungen und Umsetzung einer inklusiven Erwachsenenbildung in Thüringen.* Jena: In: Zeitschrift für Sozialmanagement, Band 15, Nummer 1, S. 109 – 121.

Laßwitz, K. (1982): *Die Fernschule.* In: Die Woche 4 (1899), 17, S. 669–672. In: K. Laßwitz, Traumkristalle (S. 69–79). Berlin: Das Neue Berlin.

Lauber-Pohle, S. (2016). *Wissenserwerb im Medium von Online-Lernen und sozialer Netzwerkbildung.* Hessische Blätter für Volksbildung, 66(3), 248–258.

Lechner, R., Egetenmeyer, R. & Grafe, S. (2021). Wann gelingt Digitalisierung? In: Weiterbildung. Zeitschrift für Grundlagen, Praxis und Trends, 32 Jg., 3, S. 12–15.

Leifels, A. (2021). Weiterbildung bricht in der Krise ein – Bedarf an Digitalkompetenzen wächst. KfW Research, Fokus Volkswirtschaft Nr. 329, 19. April 2021. https://www.kfw.de/KfW-Konzern/Service/Download-Center/Konzernthemen/Research/Fokus-Volkswirtschaft/

ISÖ
Institut für
Sozialökologie

LERN (Hrsg.) (2020). *Bildung in der digitalen Welt: Potenziale und Herausforderungen. Positionspapier des Leibniz-Forschungsnetzwerks Bildungspotenziale.* Frankfurt am Main, Tübingen: Leibniz-Forschungsnetzwerk Bildungspotenziale. https://www.bildungsspiegel.de/news/weiterbildung-bildungspolitik/4566-lern-fuer-die-digitalisierung-der-bildung-braucht-es-ein-strategisches-gesamtkonzept

Lindemann, T. (2020). *Die oberen 0,38 Prozent.* FAZ.NET, 24.09.2020. https://www.faz.net/aktuell/feuilleton/buecher/rezensionen/sachbuch/der-atlas-der-digitalen-welt-veranschaulicht-macht-im-netz-16959474.html.

Lindner, M. (2014). *Braucht das Web eine Didaktik? Contra: Das Web braucht keine eigene Didaktik.* In: E. Klotmann, C. Köck, M. Lindner, N. Oberländer, J. Sucker & B. Winkler (Hrsg.), Der vhs MOOC 2013: Wecke den Riesen auf (S. 38–40). Bielefeld: W. Bertelsmann.

Lindner, W. (2014). *Arrangieren.* Stuttgart: Kohlhammer.

LinkedIn (2019). *Workplace Learning Report 2019.* http://learning.linkedin.com. Zugegriffen. 12. Januar 2021.

Lombardo, M. M., & Eichinger, R. W. (1996). *The Career Architect Development Planner.* Minneapolis: Lominger.

Looi, C.-K., Wong, L.H., Glahn, C., & Cai, S. (Hrsg.) (2019). *Seamless Learning: Perspectives, Challenges and Opportunities.* Springer: Singapore.

McLuhan, M. (1962). *The Gutenberg Galaxy: The Making of Typographic Man;* 1st Ed.: Univ. of Toronto Press; reissued by Routledge & Kegan Paul, ISBN 0-7100-1818-5. deutsch: Die Gutenberg Galaxis: Das Ende des Buchzeitalters. Econ, Düsseldorf 1968.

Meder, N. (Hrsg.). (2006). *Web-Didaktik. Eine neue Didaktik webbasierten, vernetzten Lernens.* Bielefeld: W. Bertelsmann.

Meisel, K. & Sgodda, R. (2018). *Weiterbildungsmanagement.* In R. Tippelt & A. von Hippel (Hrsg.), Handbuch Erwachsenenbildung/Weiterbildung (S. 1457–1472). Wiesbaden: Springer.

Meßmer, A.-K., Sängerlaub, A. & Schulz, L. (2021). *„Quelle: Internet"? Digitale Nachrichten- und Informationskompetenzen der deutschen Bevölkerung im Test.* Berlin: Stiftung Neue Verantwortung e. V.

Meueler, E. (2010). *Didaktik der Erwachsenenbildung – Weiterbildung als offenes Projekt.* In: R. Tippelt & A. von Hippe (Hrsg.), Handbuch Erwachsenenbildung/Weiterbildung (S. 973–987). Wiesbaden: VS Verlag.

mmb Institut (Gesellschaft für Medien- und Kompetenzforschung) (2015). *Trendmonitor I/2016.* Essen: mmb Institut.

Müller-Eiselt, R., & Dräger, J. (2015). *Die digitale Bildungsrevolution: Der radikale Wandel des Lernens und wie wir ihn gestalten können.* München: Deutsche Verlags-Anstalt.

Mutius, von, B. (2020). *Chance auf einen vierfachen Entwicklungssprung.* ManagerSeminare, (267), S. 34–35.

Mutius, von, B. (2017). *Disruptive Thinking: Das Denken, das der Zukunft gewachsen ist.* Offenbach: Gabal.

Niesysto, H. (2021). *‚Digitale Bildung' wird zu einer Einflugschneise für die IT-Wirtschaft.* In: merz | medien + erziehung, 65 (1), S. 23 – 28.

Nuissl, E. & Pehl, K. (2004). *Porträt Weiterbildung Deutschland.* Bielefeld.

OECD (2021). *Continuing Education and Training in Germany*, Getting Skills Right, OECD Publishing, Paris, https://doi.org/10.1787/1f552468-en.

Oldenburg, R. (1999). *The Great Good Place. Cafés, Coffee Shops, Bookstores, Bars, Hair Salons, and other Hangouts at the Heart Community.* New York: Marlowe & Company.

Orde, H. vom (2020). *Kompetent lernen im Lockdown mit digitalen Medien?* In: TELEVIZION, 33. Jg., S. 10 – 14.

Ostermann, L. (2020). *4 K – mehr als Wissen.* https://futurium.de/de/blog/4-k-mehr-als-wissen.

Porras, J., & Silvers, R. (1991). *Organizational development and transformation.* Annual Review of Psychology, 42, S. 51 – 78.

Puentedura, R. R. (2012). *Technology In Education: The First 200,000 Years. NMC Summer Conference, Ideas that Matter Presentation.* http://www.hippasus.com/rrpweblog/archives/000069.html.

Pietraß, M. (2020). *Bildung in Bewegung. Das neue Lernpotenzial digitaler Medien.* In: van Ackeren, I., Bremer, H., Kessl, F., Koller, H.-Ch., Pfaff, N., Rotter, C., Klein, D., & Salaschek, U. (Hrsg.) (2020). Bewegungen. Beiträge zum 26. Kongress der Deutschen Gesellschaft für Erziehungswissenschaft. S. 325 – 336. Opladen, Berlin, Toronto: Budrich.

Prange, K. & Strobel-Eisele, G. (2006). *Die Formen des pädagogischen Handelns.* Stuttgart: Kohlhammer.

Prill, A. (2019a). *Lernräume der Zukunft. Vier Praxisbeispiele zu Lernraumgestaltung im digitalen Wandel.* Arbeitspapier Nr. 45. Berlin: Hochschulforum Digitalisierung. DOI: 10.5281/zenodo.3484654.

Prill, A. (2019b). *Lernraumgestaltung im digitalen Wandel – ein Interview mit Prof. Dr. Richard Stang.* Verfügbar am 09.03.2021 unter https://hochschulforumdigitalisierung.de/de/blog/lernraumgestaltung-im-digitalen-wandel-ein-interview-mit-prof-dr-richard-stang

Redecker, Ch. (2017). *European Framework for the Digital Competence of Educators: DigCompEdu.* Luxembourg: Publications Office of the European Union. Retrieved from https://ec.europa.eu/jrc/en/publication/eur-scientific-and-technical-research-reports/european-framework-digital-competence-educators-digcompedu.

Rehm, M. (2021). *Der Nutzen informeller Lernnetzwerke.* In: Weiterbildung. Zeitschrift für Grundlagen, Praxis und Trends, 32 Jg., 1, S. 24–26.

Robak, S. (2020). *Zur Modellierung einer Kultur der Digitalität. Programmplanung und Angebotsentwicklung.* In: Hessische Blätter für Volksbildung, 70 (3), S. 44–54.

Rump, J. & Brandt, M. (2021). Zoom-Fatigue als neuer Risikofaktor. In: Weiterbildung. Zeitschrift für Grundlagen, Praxis und Trends, 32 Jg., 3, S. 30–33.

Rademacher, I. (2021). *Lebenslange Lernagilität im Wandel.* In: Lernende Organisation. Nr. 119, S. 49 – 56. Wien: Verlag Relationale Management.

Ramin, P. (Hrsg.) (2021). *Handbuch Digitale Kompetenzentwicklung. Wie sich Unternehmen auf die digitale Zukunft vorbereiten.* München: Carl Hanser Verlag.

Rampelt, F., Marwede, L. & Niedermeier, H. (2018). *INTEGRAL+: Teilvorhaben "Digitale Lösungen für nachhaltige Innovationsprozesse in der Hochschulbildung für Geflüchtete". Zwischenbericht von Kiron Open Higher Education.* 10.13140/RG.2.2.21910.65606.

Institut für
Sozialökologie

Rat für Kulturelle Bildung (2019). *Jugend/YouTube/Kulturelle Bildung. Horizont 2019. Eine repräsentative Umfrage unter 12- bis 19-Jährigen zur Nutzung kultureller Bildungsangebote an digitalen Kulturorten.* www.rat-kulturelle-bildung.de/fileadmin/user_upload/pdf/Studie_YouTube_Webversion_final.pdf [Zugriff: 07.01.2021].

Reiners, A. (2017). *Mobiles Lernen an Hochschulen.* In: Thissen, F. (Hrsg.): Lernen in virtuellen Räumen, Perspektiven für mobiles Lernen (S. 73–87). Berlin & Boston: Walter de Gruyter.

Robes, J. (2021). *Der passende Ort für selbstorganisiertes Lernen.* In: changement! 3, S. 14 – 16.

Rohs, M. (2019). *Medienpädagogische Professionalisierung des Weiterbildungspersonals.* In: E. Haberzeth & I. Sgier (Hrsg.), Digitalisierung und Lernen: Gestaltungsperspektiven für das professionelle Handeln in der Erwachsenenbildung und Weiterbildung (S. 119–136). Bern: hep verlag.

Rohs, M., Bolten, R. & Kohl, J. (2020a): *Between adoption and rejection: attitudes of adult educators towards digitizastion in Germany.* International Journal of Training and Developement 24:1, S. 57 – 73.

Rohs, M, Pietraß, M., Schmidt-Hertha, B. (2020b). *Weiterbildung und Digitalisierung.* In: In: van Ackeren, I., Bremer, H., Kessl, F., Koller, H.-Ch., Pfaff, N., Rotter, C., Klein, D., & Salaschek, U. (Hrsg.) (2020). Bewegungen. Beiträge zum 26. Kongress der Deutschen Gesellschaft für Erziehungswissenschaft. S. 363 – 375. Opladen, Berlin, Toronto: Budrich.

Rose, N. (2021). *Change-Vorhaben oder Beschäftigungstherapie.* In: Trainingaktuell (S. 36 - 39). Bonn: managerSeminare.

Ruf, O. (2021). *Die digitale Universität.* Wien: Passagen Verlag.

Sailer, M. (2016). *Die Wirkung von Gamification auf Motivation und Leistung.* Wiesbaden: Springer.

Sammet, J. (2020). *Vom Training zur Agilen Lernbegleitung.* https://www.elearning-journal.com/2020/11/13/agile-lernbegleitung/. Zugegriffen: 25. Januar 2021.Schrader, J., Ioannidou, A., Blossfeld, H.-P. (2020) (Hrsg.). Monetäre und nicht monetäre Erträge von Weiterbildung. Springer: Wiesbaden.

Sammet, J. & Wolf, J. (2019). *Vom Trainer zum agilen Lernbegleiter. So funktioniert Lehren und Lernen in digitalen Zeiten.* Berlin: Springer.

Sampson, D. G., Papamitsiou, Z., Ifenthaler, D., & Giannakos, M. (2021) (in progress). *Educational data analytics literacy.* Cham: Springer.

Sauter, W. (2017). *Lernen und Arbeiten verbinden.* Weiterbildung, 28(3), 13–16.

Sauter, W. (2016). *Lernarchitektur in der digitalisierten Arbeitswelt: Die Zukunft hat schon begonnen.* Grundlagen der Weiterbildung (GdWZ), 27, 34–37.

Schrock, K. (2020). *Bloomin'Apps.* https://www.schrockguide.net/bloomin-apps.html

Schäfer, E. (2021). *Begriffsverständnis und Bedeutung von lebenslangem Lernen im Kontext gesellschaftlicher und bildungspolitischer Herausforderungen.* Veröffentlicht am 29.03.2021 in socialnet Materialien unter https://www.socialnet.de/materialien/29218.php, Datum des Zugriffs 03.05.2021.

Schäfer, E. (2018). *Medienbildung in Schleswig-Holstein außerhalb des formalen Lernens.* ISÖ-Text 2018-3. Norderstedt: BoD.

Schäfer, E. (2017a). *Lebenslanges Lernen. Erkenntnisse und Mythen über das Lernen im Erwachsenenalter.* Berlin: Springer.

Schäfer, E. (2017b). *Ein Modell für Qualitätskriterien von Medienbildung in Bürgermedien.* In: Die Medienanstalten (Hrsg.) (2016): Medienkompetenz. Leipzig: Vistas Verlag, S. 38 – 49.

Schäfer, E. (2007). *Die „Pampaedia" (vor 1670) von Johann Amos Comenius.* In R. Koerrenz, E. Meilhammer & K. Schneider (Hrsg.), Wegweisende Werke der Erwachsenenbildung (S. 35–47). Jena: IKS.

Schäfer, E. (1991). *Medienverbund im Wandel. Auf dem Weg zum Edutainment?* Neue Formen des Lernens mit Medien. Grundlagen der Weiterbildung, 2(2), 65–69.

Schäfer, M. (2020). *Lehren und Lernen mit digitalen Medien und Technologien.* Opladen, Berlin, Toronto: Barbara Budrich.

Scharmer, O. C. (2020). *Theorie U – Von der Zukunft her führen.* 5. Auflage. Heidelberg: Carl-Auer.

Scharmer, O. C. (2019). *Essentials der Theorie U. Grundprinzipien und Anwendungen.* Heidelberg: Carl-Auer.

Scharnberg, G. & Waffner, B. (2020). *Medienintegration an Volkshochschulen.* Bonn. DVV.

Scharnberg, G., Vonarx, A.-C. Kerres, M., & Wolff, K. (2017). Digitalisierung der Erwachsenenbildung in Nordrhein-Westfalen – Herausforderungen und Chancen wahrnehmen. In: Magazin erwachsenenbildung.at. Das Fachmedium für Forschung, Praxis und Diskurs. Ausgabe 30. Wien. https://erwachsenenbildung.at/magazin/ausgabe-30/11404-digitalisierung-der-erwachsenenbildung-in-nordrhein-westfalen-herausforderungen-und-chancen-wahrnehmen.php

Schrader, J., Ioannidou, A., Blossfeld, H.-P. (2020) (Hrsg.). *Monetäre und nicht monetäre Erträge von Weiterbildung.* Springer: Wiesbaden.

Schmid, U., Goertz, L., & Behrens, J. (2018). *Monitor Digitale Bildung. Die Weiterbildung im digitalen Zeitalter.* Gütersloh: Bertelsmann Stiftung.

Schmidt-Hertha, B., Rohs, M., Rott, K.J. & Bolten, R. (2017). *Fit für die digitale (Lern-)Welt?* DIE Zeitschrift für Erwachsenenbildung, 3, S. 35 – 37.

Schneider, N. (2021). *VHS post Corona – ein Diskussionspapier. Wie geht's weiter?* In: weiter bilden, 1, S. 55 – 56.

Schrader, J. (2021). Es hat dramatische Einschnitte gegeben. Interview. In: Leibniz-Magazin 3/2021. https://www.leibniz-magazin.de/alle-artikel/magazindetail/detail/es-hat-dramatische-einschnitte-gegeben.html

Schrader, J. (2019). *Institutionelle Rahmenbedingungen, Anbieter, Angebote und Lehr-Lernprozesse der Erwachsenen- und Weiterbildung.* In O. Köller, M. Hasselhorn, F. W. Hesse, K. Maaz, J. Schrader, H. Solga et al. (Hrsg.). Das Bildungswesen in Deutschland. Bestand und Potenziale (S. 701–729). Bad Heilbrunn: Klinkhardt.

Schratz, M. (2020). *Pädagogisches Handeln in disruptiven Zeiten.* In: TELEVIZION, 33. Jg., S. 4 – 9.

Schulmeister, R. (2016). *Präsenz und Selbststudium im eLearning. Annahmen und Indizien für die besondere Rolle der Präsenz beim Lernen.* https://www.hrk-nexus.de/aktuelles/tagungsdokumentation/digitale-lehrformen/. Zugegriffen: 25. Januar 2021.

Schwuchow, K. (2019). *Lernwelten der Zukunft. Zwischen Show und Chatbot.* ManagerSeminare, (256), 26–32.

Senge, P. (2011). *Die fünfte Disziplin. Kunst und Praxis der lernenden Organisation.* 11. Auflage. Stuttgart: Schäffer-Poeschel.

Sgier, I., Haberzeth, E., Schüepp, Ph., (2018): *Digitalisierung in der Weiterbildung. Ergebnisse der jährlichen Umfrage bei Weiterbildungsanbietern* (Weiterbildungsstudie 2017/2018). Zürich: SVEB & PHZH.15.

Soffel, J. (2016). *What are the 21st-century skills every student needs?* https://www.weforum.org/agenda/2016/03/21st-century-skills-future-jobs-students/

Stalder, F. (2019). *„Den Schritt zurück gibt es nicht". Wie die Kultur der Digitalität das Wissen verändert und was das für die Bildung bedeutet.* In E. Haberzeth & I. Sgier (Hrsg.), Digitalisierung und Lernen: Gestaltungsperspektiven für das professionelle Handeln in der Erwachsenenbildung und Weiterbildung (S. 44–61). Bern: hep verlag.

Stalder, F. (2016). *Kultur der Digitalität.* Berlin: Suhrkamp.

Stang, R. (2021). Körper, Leib und Raum. Dimensionen eines untrennbaren Verhältnisses. In: Zeitschrift für Sozialmanagement, Band 19, Nummer 1, S. 11 – 22.

Stang, R. (2016). Lernwelten im Wandel. Entwicklungen und Anforderungen bei der Gestaltung zukünftiger Lernumgebungen. Berlin/Boston: Walter de Gruyter.

Stang, R. & Becker, A. (n. d.). Lernwelt Hochschule. Forschungsprojekt zur Lernwelt Hochschule Deutschlands. Verfügbar am 12.04.2021 unter https://zukunftlernwelthochschule.de/.

Stacey, R. D. (2007). *Strategic management and organisational dynamics: The challenge of complexity to ways of thinking about organisations.* Fifth Edition. Essex: Pearson education.

Sgier, I., Haberzeth, E., Schüepp, Ph., (2018): *Digitalisierung in der Weiterbildung. Ergebnisse der jährlichen Umfrage bei Weiterbildungsanbietern* (Weiterbildungsstudie 2017/2018). Zürich: SVEB & PHZH.15.

Stauffacher-Birrer, M. (2019). *Unterrichten mit WhatsApp, YouTube & Co.* 2. Auflage. Bern: hep.

Stalder, F. (2019). *„Den Schritt zurück gibt es nicht". Wie die Kultur der Digitalität das Wissen verändert und was das für die Bildung bedeutet.* In E. Haberzeth & I. Sgier (Hrsg.), Digitalisierung und Lernen: Gestaltungsperspektiven für das professionelle Handeln in der Erwachsenenbildung und Weiterbildung (S. 44–61). Bern: hep verlag.

Stalder, F. (2016). *Kultur der Digitalität.* Berlin: Suhrkamp.

Stegmann, K. & Fischer, F. (2016): *Auswirkungen digitaler Medien auf den Wissens- und Kompetenzerwerb an der Hochschule.* Kurzbericht im Rahmen eines Experten-Hearings des Wissenschaftsrats. – München: Ludwig-Maximilians-Universität (LMU). – URL: https://epub.ub.uni-muenchen.de/38264/1/. Zugegriffen: 25. Januar 2021.

Stoller-Schai, D. (2020). *Digitales Lernen führt zu einer Renaissance des analogen Präsenzlernens.* https://www.elearning-journal.com/2020/02/12/stollerschai/. Zugegriffen: 24. Januar 2021.

Thiel, T. (2016): *Digitales Lernen. Entmündigung als Bildungsziel.* In: FAZ vom 14. Juli.

Thissen, F. (2017). Einleitung. In F. Thissen (Hrsg.): *Lernen in virtuellen Räumen, Perspektiven für mobiles Lernen* (S. 1–7). Berlin & Boston: Walter de Gruyter.

ISÖ
Institut für
Sozialökologie

Thüringer Landesmedienanstalt (Hrsg.) (2020). *Geschäftsbericht 2019. Mediennutzung* (S. 23 – 25). Erfurt: TLM.

Thüringer Ministerium für Wirtschaft, Wissenschaft und Digitale Gesellschaft (Hrsg.) (2020). *Thüringer Strategie für die Digitale Gesellschaft. UPDATE 2020.* Erfurt: o. V.

TU Darmstadt (Hrsg.). (2016). *Deutsche Social Collaboration Studie.*

Uchino, B.N., Cawthon, R.M., Smith, T.W., Light, K.C., McKenzie, J., McKenzie, C., Gunn, H., Birmingham, W., Bowen, K. (2012): *Social relationships and health: Is feeling positive, negative, or both (ambivalent) about your social ties related to telomeres?* In: Health Psychology, 31(6), S. 789–796. DOI: 10.1037/a0026836.

Ulrich, I. (2016) *Gute Lehre in der Hochschule.* Wiesbaden: Springer.

UNESCO. (2019). *4th Global Report on Adult Learning and Education.* Hamburg: UNESCO Institute for Lifelong Learning.

UNESCO. (2017): *Unpacking SDG 4. Fragen und Antworten zur Bildungsagenda 2030.* Bonn: Deutsche UNESCO-Kommission.

UNESCO (2015): *Recommendation on Adult Learning and Education. Online im Internet:* http://unesdoc.unesco.org/images/0024/002451/245179e.pdf.

UNESCO. (1997). *Lernfähigkeit: Unser verborgener Reichtum. UNESCO-Bericht zur Bildung für das 21. Jahrhundert.* Hg. von der Deutschen UNESCO-Kommission. Neuwied: Kriftel; Berlin: Luchterhand.

Verbund der Berliner Volkshochschulen (Hrsg.) (2020). *Das Servicezentrum der Berliner Volkshochschulen.* https://www.berlin.de/vhs/ueber-uns/verbund/.

Vereinte Nationen. (2015). *Transformation unserer Welt: die Agenda 2030 für nachhaltige Entwicklung.* Verfügbar am 30.01.2021 unter https://www.2030agenda.de/de/article/die-transformation-unserer-welt

Vereinigung der Bayerischen Wirtschaft e. V. (Hrsg.) (2018). *Digitale Souveränität und Bildung. Gutachten.* Münster. Waxmann.

Vogel, F. & Fischer, F. (2018). *Computerunterstütztes kollaboratives Lernen:* In: Niegemann, H, Weinberger, A. (Hrsg.): Lernen mit Bildungstechnologien. Springer https://doi.org/10.1007/978-3-662-54373-3. Zugegriffen: 24. Januar 2021.

Vollbrecht, R. (2018). *Medienbildung in digitalisierten Welten.* In: merz | medien + erziehung, 62 (5), S. 25–31.

Vorstand Sektion Medienpädagogik (DGfE), Klaus Rummler, Sandra Aßmann, Patrick Bettinger, und Karsten D. Wolf. (2020). *Stellungnahme des Vorstands der Sektion Medienpädagogik der DGfE zur Covid-19 Situation. Digitale Medien in Bildung und Erziehung: Krisenzeiten verdeutlichen Defizite und Innovationspotenziale.* In: MedienPädagogik (Statements and Frameworks), 1–2. https://doi.org /10.21240/mpaed/00/2020.07.16.X

Walgenbach, K. (2017). *Elitebildung für alle? Massive Open Online Courses (MOOCs).* In: Erziehungswissenschaft, 55 (28), S. 37–45.

Walter, M. (2015). *Weiterbildungsfinanzierung in Deutschland. Aktueller Stand, Entwicklung, Problemlagen und Perspektiven.* Gütersloh: Bertelsmann Stiftung.

Wampfler, P., Zimmermann, T., & Turkawka, G. (2019). *Personal Learning Environments als Ressource in Lehr-Lern-Settings.* In E. Haberzeth & I. Sgier (Hrsg.), Digitalisierung und

Lernen: Gestaltungsperspektiven für das professionelle Handeln in der Erwachsenenbildung und Weiterbildung (S. 191–211). Bern: hep verlag.

Watzlawick, P., Weakland, J. H. & Fisch, R. (2020). *Lösungen: Zur Theorie und Praxis menschlichen Wandels.* 9. Auflage. Bern: Hogrefe.

Wolter A. & Schäfer E. (2018) Geschichte der wissenschaftlichen Weiterbildung – Von der Universitätsausdehnung zur Offenen Hochschule. In: Jütte W., Rohs M. (eds) *Handbuch Wissenschaftliche Weiterbildung.* Springer Reference Sozialwissenschaften. Springer VS, Wiesbaden. https://doi.org/10.1007/978-3-658-17674-7_1-1

Wong, L.-H. (2015). *A Brief History of Mobile Seamless Learning.* In: Wong, L.-H., Milrad, M., & Specht, M. (Eds.), Seamless Learning in the Age of Mobile Connectivity, pp.3 - 40, Springer.

Wuppertaler Kreis (2019). *Trends in der Weiterbildung Verbandsumfrage 2019.* Köln: Wuppertaler Kreises e.V.

De Witt, C. (2014). *Mobiles Lernen. Ein Überblick über Szenarien und Technologien.* https://pdfslide.net/education/mobiles-lernen-ein-ueberblick-ueber-szenarien-und-technologien-folien-prof-dr-claudia-de-witt.html. Zugegriffen: 24. Januar 2021.

Zorn, I. (2021). Scoring – Konsequenzen für die Bildung in demokratischen Gesellschaften. In: H. Gapski & S. Packard (Hrsg.). Super-Scoring? Datengetriebene Sozialtechnologien als neue Bildungsherausforderung (S. 205 -221). Düsseldorf und München: kopaed.

ISÖ
Institut für
Sozialökologie

5   AutorInnen

Prof. Dr. Erich Schäfer war bis 2020 Professor für Methoden der Erwachsenenbildung am Fachbereich Sozialwesen der Ernst-Abbe-Hochschule Jena. Dort lehrte und forschte er in den Fächern kulturelle Kommunikation, Medienpädagogik, außerschulische Jugend- und Erwachsenenbildung, wissenschaftliche Weiterbildung, Führung, Coaching und Organisationsentwicklung. Derzeit ist er Studiengangsleiter des berufsbegleitenden Masterstudienganges „Coaching und Führung" der Ernst-Abbe-Hochschule Jena sowie Coach und Lehrcoach (DGfC). Erich Schäfer ist Vorsitzender des Instituts für Weiterbildung, Beratung und Planung im sozialen Bereich (iwis), das anerkannte Einrichtungen der Erwachsenenbildung sowie Bürgermedien testiert, und Gründungsmitglied des ICO – Institut für Coaching und Organisationsberatung. Er ist Mitglied in verschiedenen Fachgesellschaften und Gremien und war von 2007 bis 2021 Mitglied im Landeskuratorium für Erwachsenenbildung des Freistaats Thüringen. Seit 2021 ist Erich Schäfer Mitglied im Expertenbeirat für den Studienbereich „Gesellschaft, Bildung und Soziales" der EURO-FH. Erich Schäfer ist seit vielen Jahren Mitglied der Sozialökologischen Gesellschaft e.V. und Senior Fellow des ISÖ – Institut für Sozialökologie.

Antje Ebersbach ist Diplom-Sozialpädagogin (FH) und Trainerin für „Culture Communication Skills (Xpert CCS)". Sie arbeitet als Bildungsreferentin und Projektmitarbeiterin in den Themenfeldern Interkulturelle Öffnung, vorurteils- und vielfaltssensible pädagogische Arbeit, Demokratiebildung sowie Organisationsentwicklung und Digitalisierung bei der Kindersprachbrücke Jena e.V. Antje Ebersbach ist Trägerin des Thüringer Salzmannpreises. Als freie Mitarbeiterin des Instituts für Weiterbildung, Beratung und Planung im sozialen Bereich (iwis) ist sie Gutachterin im Rahmen der Qualitätstestierung von Einrichtungen der Erwachsenenbildung und von Bürgermedien sowie Prozessbegleiterin und Evaluatorin in Drittmittelprojekten.

ISÖ
Institut für
Sozialökologie

Impressum

ISÖ – Institut für Sozialökologie gemeinnützige GmbH

Tel.: +49 (0) 2241 1457073
Fax: +49 (0) 2241 1457039

Ringstraße 8
53721 Siegburg

Wissenschaftlicher Leiter und Geschäftsführer

Prof. Dr. habil. Michael Opielka

Förder- und Trägerverein

Sozialökologische Gesellschaft e.V. (gemeinnützig) - gegründet 1987

Mitgliedschaften

Mitglied der Arbeitsgemeinschaft Sozialwissenschaftlicher Institute e.V. (ASI)
Mitglied im Deutschen Verein für öffentliche und private Fürsorge e.V.

www.isoe.org